# DECIDETE A SER

# feliz

Milton López

VERSIÓN EN ESPAÑOL

# DECÍDETE A SER FELIZ

# feliz

## Milton López

## VERSIÓN EN ESPAÑOL

ZARZA PRODUCCIONES, S. DE R.L. DE C.V
MÉXICO 2009

Publicado por Jesus is the Way Ministry, Inc., Flushing, NY

Ni la totalidad ni parte de este libro puede reproducirse por ningún procedimiento electrónico o mecánico, incluyendo fotocopia, grabación magnética o cualquier otro sistema de almacenamiento o recuperación de información, sin el consentimiento por escrito del autor.

Título original:
DECÍDETE A SER FELIZ

Autor:
Milton López

Jesus is the Way Ministry
138-17 62$^{nd}$ Avenue
Flushing, NY 11367
www.hermanomilton.com

Para pedidos escribir a:
correo@hermanomilton.com
Llamar al (917) 709-9572
Fax (718)762-8738

Editor en México:
Zarza Producciones S S, de R.L. de C.V
México, D.F. 2009.

ISBN-978-0-9826145-0-1

Impreso en Estados Unidos de Norte America

# Oración de sanación interior

Jesús mío.
Vengo hoy a pedirte la sanación de mis recuerdos,
de todo aquello
que viví y quedó guardado en mi inconciente
y que me ha atormentado.
Tú me conoces y sabes la causa de cada problema
que traigo en mi interior, ven Jesús,
y sana estos recuerdos, los momentos en que me
sentí rechazado, desanimado,
ignorado hasta por aquellos que más amaba.
Sáname de los sentimientos de odio, rencor,
disgusto y falta de perdón que, muchas veces,
se reflejan en mi cuerpo, causando dolores
y enfermedades físicas,
de los momentos de peligro que viví y que
me tornaron una persona miedosa e insegura.
Sáname, Señor.
¡Oh Señor, son tantos los traumas y marcas que
traigo en mi mente y sólo tú puedes sanarme!
Por eso te pido: lava mi mente en tu sangre,
dame tu sanación y lléname de tu paz
desde ahora, te alabo y agradezco, pues creo que
estás actuando en mí ahora y que seré en Ti
una nueva criatura.
EN EL PODER DE TU NOMBRE Jesús
AMÉN, AMÉN.

# INDICE

8 -----------------------------------------------------------

# PRÓLOGO

Isaías 44:26

*"Yo confirmo la palabra de mi siervo y hago que triunfe el proyecto de mis mensajeros"*

La seguridad del éxito de este proyecto radica en el respaldo de Dios. Y ¿qué es éxito para un cristiano? **Conocer a Cristo y ser Su imagen y semejanza.** Por eso hemos tomado en consideración las palabras del Papa Juan XXIII: *"Sólo por hoy seré feliz, en la certeza de que he sido creado para la felicidad, no solo en el otro mundo sino en este también."*

**DECÍDETE A SER FELIZ,** entrando en un proceso de sanación interior. Este libro es la recopilación de más de 12 años de trabajo como facilitador de talleres y clases de Sanación Interior, es un testimonio de las miles de vidas que han sido transformadas, personas que ahora son felices porque tomaron una decisión, y entendieron que cada uno de **ellos(as)** fueron **creados** para ser felices.

Ahora usted tiene en sus manos este libro, y esto no es casualidad, sino, **causalidad.** En él, le daremos pasos específicos y sencillos de comprender, para que los ponga en práctica. La sanación interior es un proceso, y un proceso lleva tiempo, pero el hecho de que usted está leyendo esta líneas significa que ese proceso de sanación ha comenzado. ¡Usted ha decidido ser feliz! ésta es la causa por la que usted va a leer este libro, Y en la medida que usted es feliz le da *GLORIA A DIOS, Y HACE FELICES A LOS DEMÁS.*

La felicidad está dentro de usted y está ahora mismo; borre de su calendario el día de ayer y el día de mañana; viva a plenitud el día de hoy, recuerde que usted es feliz por lo que es, no por lo que posee.

DECÍDETE A SER FELIZ **sanándose** hoy; ese es el objetivo, que usted se conozca y descubra que es un ser maravilloso.

Comencemos este caminar, en la compañía de Dios Padre y nuestro Señor Jesús; en la unción del Espíritu Santo y contando con la intersección de nuestra Madre Santísima, la Vírgen María.

De ustedes en Cristo,

Milton López

# CAPÍTULO
# I

## ESPÍRITU, ALMA Y CUERPO

La voluntad perfecta de Dios es que su pueblo esté sano. Dios tiene el poder para sanar todas nuestras enfermedades y todas nuestras debilidades; sin embargo, Él no puede sanar aquello que no le presentamos o aquellos que ignoramos. ¿Cómo puede un médico curar un enfermo, si éste no le dice lo que tiene? Así mismo, para lograr la sanación debemos **conocer** y aceptar lo que está mal en nosotros y **presentarlo** a Dios en oración.

En las Sagradas Escrituras, en el libro del profeta Oseas dice: *"Mi pueblo sufre por falta de conocimiento."*[1] Note bien que no dice que sufrimos por falta de amor, por falta de fe o por falta de esperanza; dice que, **sufrimos por falta de conocimiento**. Es importante entonces tener claridad sobre el término *"Conocimiento."* Por lo general tendemos a pensar que la palabra conocimiento es sinónimo de la palabra saber, y creemos que significan lo mismo; sin embargo, el saber se obtiene a través de la información o la práctica; por ejemplo, cuando asistimos a la escuela y aprendemos algo, eso es saber; mientras que el conocimiento se obtiene sólo a través de la reve-

1  Oseas 4:6

lación. En este sentido, nosotros los Cristianos Católicos que hemos sido bautizados, obtenemos esa revelación a través del Espíritu Santo y es el Espíritu quien nos revela esas heridas escondidas que traemos desde nuestra niñez. El conocimiento de nosotros mismos es un factor fundamental en el proceso de nuestra sanación interior. ¿Sabía usted que la persona que nosotros menos conocemos es a nosotros mismos? ¡Impactante verdad! Para conocer a alguien es necesario pasar tiempo con esa persona, y es justamente por eso que nosotros no nos conocemos, ya que, siempre estamos demasiado ocupados como para pasar 10 ó 15 minutos al día a solas, quietos y en silencio para escucharnos, para oírnos y reflexionar sobre nuestros sentimientos. Muchas veces sabemos que estamos enfermos internamente y que necesitamos sanación pero no sabemos de qué. El conocimiento de nosotros mismos nos ayudará a descubrir esas áreas de nuestra vida que necesitan ser sanadas por Dios. Haz un alto en tu día, detente y respira profundo, pasa tiempo contigo, conócete, no tengas miedo, es para tu bien, es para que seas feliz para lo cual fuiste creado por Dios.

Para conocernos a nosotros mismos y procurar así la sanación, es importante saber cómo estamos formados internamente. La Palabra de Dios nos explica claramente esta idea: *"Que Dios mismo, el Dios de paz, los haga a ustedes perfectamente santos, y les conserve todo su ser, espíritu, alma y cuerpo, sin defecto alguno, para la venida de nuestro Señor Jesucristo."*[12] Este pasaje bíblico nos muestra claramente que somos formados por un espíritu que tiene un alma que vive en un cuerpo, es decir, somos seres trinitarios.

2   1 Tesalonicenses 5:23

La parte más importante de nuestro ser es nuestro espíritu, seguidamente se encuentra el alma la cual está formada por nuestra mente, nuestros sentimientos (emociones) y nuestra voluntad; en el alma se encuentran también nuestra memoria y la imaginación; finalmente, la tercera parte de nuestro ser, el cuerpo, del cual hacen parte nuestros 5 sentidos y el cerebro que es un órgano físico.

En la experiencia del proceso de sanación, nuestro anhelo debe ser que nuestro espíritu llegue a dominar nuestra alma y nuestro cuerpo. Este era el equilibrio que gozaba el ser humano al inicio de la creación y el que debemos procurar nosotros todo el tiempo de nuestra vida (Figura #1).

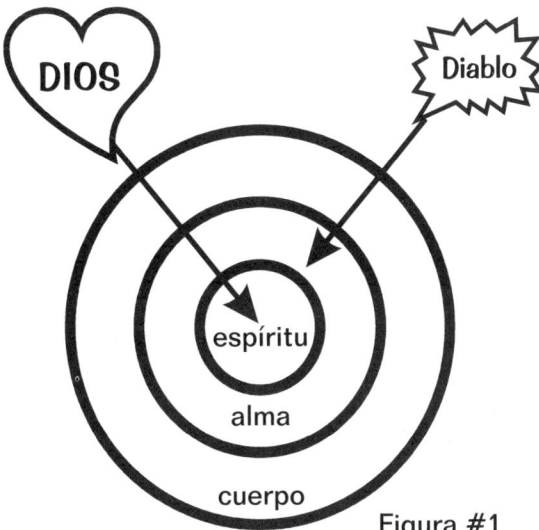

Figura #1

El espíritu humano es la vasija que recibe al Espíritu Santo en el bautismo, por eso cuando la Biblia dice que el hombre es imagen y semejanza de Dios, se refiere a nuestro espíritu.[3]

| ESPÍRITU (espíritu humano) | ALMA (Mente, Sentimientos, Voluntad) | CUERPO (5 Sentidos) |
|---|---|---|
| Amor | Celo | Tacto |
| Gozo | Soledad | Olfato |
| Paz | Envidia | Oído |
| Paciencia | Tristeza | Vista |
| Humildad | Rencor | Gusto |
| Amabilidad | Odio | |
| Bondad | Resentimientos | |
| Fidelidad | Memoria | |

También, Dios nos ha dado una capacidad maravillosa y de la cual habla el Catecismo de la Iglesia Católica en el numeral 355: "'Dios creó al hombre a su imagen, a imagen de Dios lo creó, hombre y mujer los creó' (Gn 1,27). El hombre ocupa un lugar único en la creación: 'está hecho a imagen de Dios;' **en su propia naturaleza une el mundo espiritual y el mundo material;** es creado 'hombre y mujer;' Dios lo estableció en la amistad con Él"[4] ¡Qué gran capacidad! Somos los únicos seres en el universo que unimos el mundo material y el mundo espiritual.

Posteriormente el mismo Catecismo de la Iglesia Católica menciona en referencia a nuestra semejanza con Dios lo siguiente: "Por haber sido hecho a imagen de Dios, el ser humano tiene la dignidad de persona; no es solamente algo, sino alguien. Es capaz de conocerse, de poseerse y de darse libremente y entrar en comunión

3  Génesis 1:27
4  C.I.C # 357

--------------------------------------------------------

con otras personas y es llamado, por la gracia, a una
alianza con su Creador, a ofrecerle una respuesta de fe
y de amor que ningún otro ser puede dar en su lugar.[15]
Vemos entonces, que nuestra dignidad procede de Dios,
de la imagen y semejanza con nuestro Creador. Nuestra
dignidad no proviene de lo que hacemos o de lo que tenemos. Somos dignos porque en nuestro espíritu somos
imagen y semejanza de Dios.

Hemos indicado que nuestro espíritu es la parte más
importante de nuestro ser, es la vasija que recibe al
Espíritu Santo y es nuestra imagen y semejanza con
Dios. En este sentido es importante conocer también las
tres partes que forman nuestro espíritu:

1. **Conciencia:** es el centro de nuestro espíritu; es esa
   voz interior que nos dice cuando hemos actuado
   mal, cuando hacemos lo que no es correcto, cuando pecamos.

2. **Intuición:** es un impulso de nuestro espíritu que
   nos lleva a realizar acciones específicas sin alguna
   razón lógica; por ejemplo, cuando usted recibe la
   inspiración de llamar a una persona, ir a algún
   lugar u orar por alguien sin tener un motivo lógico
   o especifico para hacerlo.

   Como puede ver la **Intuición nada tiene que ver con la
   mente.**

3. **Adoración:** es la respuesta del espíritu humano
   que se doblega ante la grandeza de Dios. La adoración verdadera proviene del espíritu. *"Dios es
   Espíritu, y los que lo adoran deben hacerlo de un
   modo verdadero, conforme al Espíritu de Dios."*[16]

5   C.I.C # 357
6   Juan 4:24

Dios busca adoradores en espíritu y en verdad, no adoradores emocionales. La adoración del Dios único y Verdadero **debe** provenir del espíritu. En nuestro espíritu se encuentra el fruto del Espíritu Santo que se menciona en las Sagradas Escrituras. *"En cambio, lo que el Espíritu produce es* **amor, alegría, paz, paciencia, amabilidad, bondad, fidelidad, humildad** *y* **dominio propio.** *Contra tales cosas no hay ley."*[7] Por lo tanto, al ser nosotros seres espirituales, y templos del Espíritu Santo, dentro de nosotros tenemos todos estos frutos del Espíritu.

Por otra parte, en el alma, que la forman, la mente, los sentimientos y la voluntad, es donde se encuentran las emociones, y es justamente aquí donde se encuentran la mayoría de problemas como la envidia, los celos, los complejos de inferioridad, la baja autoestima, los resentimientos, la falta de perdón, etcétera.

Para avanzar en este camino de sanación que hemos comenzado a recorrer, es muy importante tener claro que *la sanación interior es un proceso que se realiza de adentro hacia afuera,* es decir, para lograr un buen equilibrio en nuestra vida, nuestro espíritu debe dominar nuestra alma y nuestra alma debe dominar nuestro cuerpo. La sanación del alma no se consigue cambiando de casa, de ciudad o yéndose de vacaciones; la sanación se realiza de adentro hacia afuera y no de afuera hacia dentro.

Tomemos por ejemplo un sentimiento conocido como lo son los celos. Los celos son un sentimiento de algo, o por algo que poseo; en muchas ocasiones, y especialmente entre las parejas, escuchamos palabras como: "tú me

7  Gálatas 5:22

haces sentir celos;" lo cual es verdaderamente imposible porque *nadie te puede hacer sentir celos a menos que tú lo permitas.* Los celos no están afuera sino dentro de nosotros. Aceptar que este tipo de sentimientos están en nosotros, es el primer paso para lograr nuestra sanación.

Para lograr el balance ideal en nuestra vida, en donde nuestro espíritu domina el alma, y nuestra alma domina nuestro cuerpo, es indispensable comenzar por alimentar nuestro espíritu.

A esta instancia del camino, dos preguntas nacen. La primera, **¿qué es eso de alimentar nuestro espíritu?** Y la segunda, **¿cómo puedo alimentar mi espíritu?** Vamos a dar respuesta a estas dos interrogantes.

En primera instancia, así como nuestro cuerpo necesita alimento para mantenerse fuerte y realizar las diversas tareas del día, así mismo, nuestro espíritu necesita ser alimentado para permanecer fuerte y tener el control de nuestra vida. Existen casos en que personas logran tener un cuerpo escultural y bien cuidado por medio de una buena alimentación y el ejercicio, pero su espíritu esta débil pues no ha sido alimentado y cuidado debidamente. Estas personas pueden lucir muy bien exteriormente pero su interior es una historia muy diferente.

Entonces, ¿qué puedo hacer para alimentar mi espíritu? A continuación encontrará algunas ideas sobre fuentes maravillosas de alimento espiritual. No es necesario realizarlas todas al mismo tiempo o en un orden especifico, el objetivo es que tengas una idea de los recursos que posees para alimentar y fortalecer tu espíritu. Veamos entonces:

1. Leer y meditar la Palabra de Dios todos los días.
2. Oración diaria.
3. Participar en el Sacramento de Confesión y Reconciliación.
4. Participar en el Sacramento de la Eucaristía.
5. Visitar el Santísimo con frecuencia.
6. Hacer buenas obras sin mirar a quien.
7. Tener una vida de adoración.

Estas fuentes de alimento espiritual le ayudarán grandemente en el ideal de fortalecer su espíritu, y al ir logrando este fortalecimiento, irá entrando poco a poco en una nueva vida, la vida en el espíritu; usted dejará de vivir en el alma, es decir, su vida ya no será dirigida por sus sentimientos o por su mente, que es el gran fracaso de la humanidad; sino que será dirigida por su espíritu y por tanto será una vida de confianza y sumisión absoluta a Dios. *"Confía de todo corazón en el Señor, y no en tu propia inteligencia."*[8]

Quiero tomar las siguientes líneas de este material, para profundizar un poco más en una de las fuentes de alimento espiritual, que en mi recorrido como facilitador de la Palabra y por experiencia personal, he encontrado que ayuda enormemente al ser humano en el proceso de sanación; me refiero a **la vida de Adoración.**

La adoración es la respuesta de un creyente a la presencia de Dios en su vida, es reconocer su grandeza y nuestra pequeñez. La vida de adoración nos ayuda a doblegar nuestro espíritu indómito al Espíritu de Dios. La adoración tiene características maravillosas y trae gran bendición a nuestra vida. A continuación, describo algunas características de la adoración, y desde ya puedo decirte que no son las únicas que leerás a través de este libro.

8  Proverbios 3:5

## La adoración:

- Es una idea de Dios,[9] más no del hombre.
- Es la sumisión de toda nuestra vida a Dios.
- Es alimento de la mente con la verdad.
- Es la Purificación de nuestra mente con su belleza.
- Es la apertura del corazón al amor.
- Es la entrega de nuestra voluntad a la voluntad de Dios.
- No se basa en lo que sabemos, se basa en aquel a quien conocemos.
- Es lo único que continúa en el cielo además del amor.
- Es lo más esencial en la vida cristiana.
- Es reconocer a Dios como ser Supremo, Creador y Señor de todo lo que existe.
- Debe ser auténtica, reflexiva, y verdadera. No debemos de adorar para impresionar a los demás.
- No sacia nuestra hambre por Dios, despierta nuestro apetito por él.
- Es experimentar la máxima expresión de amor en nuestras vidas. Es admirar, respetar, valorar, honrar y apreciar a Dios.

## En la adoración:

- Comenzamos a ver la vida a través de los ojos del cielo, notamos más la perfección de Dios que la imperfección nuestra.
- Dios se revela a si mismo y revela sus caminos y sus propósitos.
- Dios inicia y fortalece su relación de amor con el adorador.

9 Lucas 4:8

- Dios tiene un encuentro personal con el adorador.
- Dios muestra su voluntad al adorador.

Toma la decisión de iniciar una vida de adoración hoy, y experimenta por ti mismo la bendición que trae consigo.

Continuando con el estudio de cómo estamos formados internamente, en la Figura #1, vemos que Dios tiene acceso a nuestro cuerpo, alma y espíritu, y que el maligno (el diablo) tiene acceso a nuestro cuerpo y a nuestra alma; note bien que digo que el diablo tiene acceso, no posesión de nuestro cuerpo y alma, pero nos enferma y ataca nuestra alma con ideas, recuerdos del pasado, miedos, etcétera.

Cuando usted comienza a alimentar su espíritu, su mente comienza a ser sanada en un proceso, y ese proceso lleva tiempo, pero una vez iniciado el camino y siguiendo las ideas que está aprendiendo en este libro, usted será un hombre, una mujer sano(a), libre y feliz, tal como Dios lo quiere y para lo cual ha sido creado(a).

En el proceso de la sanación de su mente usted juega un papel muy importante, puesto que, además de alimentar su espíritu, usted tiene que cambiar su manera de hablar para que cambie su manera de pensar. Note bien esto, en el momento en que usted pronuncia una palabra, en ese mismo instante eso es lo que usted piensa. Psicológicamente así somos, usted no puede decir algo y pensar otra cosa; si quiere comprobarlo haga el siguiente ejercicio:

Cuente los números del uno al cinco y cuando llegue al cinco en lugar de decir el número cinco, diga "Gloria a Dios." Se podrá dar cuenta que en el momento de decir "Gloria a Dios" usted no puede pensar en el número cinco. Se lo repito, así somos psicológicamente, y como aún no se convence, inténtelo nuevamente.

Bien, ahora que ya se convenció que usted no puede decir algo y pensar otra cosa, la invitación es a cambiar su manera de hablar. Ya no diga "no sirvo," pues cada vez que lo dice en ese instante usted va a pensar que no sirve; en lugar de esto, diga palabras como "Dios me ama, todo lo puedo en Cristo que me fortalece," de esta forma inundará su mente de ideas positivas, pensará de forma positiva y finalmente actuará de forma positiva. Recuerde este proverbio: *"La vida y la muerte están en el poder de la lengua; los que hablan mucho sufrirán las consecuencias."*[10]

*Cambie su manera de hablar para que cambie su manera de pensar, para que cambie su manera de sentir, para que cambie su manera de decidir y para que cambie su manera de vivir.*

Podemos darnos cuenta que la mente juega un papel muy importante en nuestra vida. La mente es como el programa que analiza toda la información que está en la computadora, siendo la computadora su cerebro, que es donde llega toda la información de los estímulos externos. **Su mente dicta lo que usted piensa sobre toda la información que llega a su cerebro,** por eso se dice que somos lo que pensamos. Para ser sanos debemos cambiar nuestra forma de pensar poniendo en práctica los dos pasos anteriores:

10 Proverbios 18:21

- Alimentando nuestro espíritu.
- Cambiando nuestra manera de hablar.

La Palabra de Dios respalda estas ideas cuando el apóstol San Pablo en la carta a los Romanos dice: *"No vivan
ya según los criterios del tiempo presente; al contrario,
**cambien su manera de pensar para que así cambie su
manera de vivir** y lleguen a <u>conocer</u> la voluntad de Dios,
es decir, lo que es bueno, lo que es grato, lo que es perfecto."*[11] Si usted desea obtener la sanación, debe cambiar su manera de pensar.

Nosotros no fuimos creados para que nuestras emociones o sentimientos nos dominaran. La emoción es un
impulso o movimiento que nos lleva en una determinada
dirección o nos hace actuar de cierta manera. Recuerde
que el demonio tiene acceso a nuestro cuerpo y a nuestra alma, y por lo tanto a nuestra mente y sentimientos,
por eso usted debe confiar en su espíritu que es dirigido
por el Espíritu Santo.

El Espíritu Santo conoce las profundidades de Dios, y su
espíritu humano es quien verdaderamente lo conoce a
usted, no su mente, no sus sentimientos; su espíritu.
*"Estas son las cosas que Dios nos ha hecho conocer por
medio del Espíritu, pues el Espíritu lo examina todo,
hasta las cosas más profundas de Dios. ¿Quién entre los
hombres puede saber lo que hay en el corazón del hombre, sino sólo el espíritu que está dentro del hombre? De
la misma manera, solamente el Espíritu de Dios sabe lo
que hay en Dios."*[12]

11  Romanos 12:2
12  1 Corintios 2:10,11

La Vírgen María nos enseña algo maravilloso acerca de nuestra comunicación con Dios, ella dice: "*Mi **alma** alaba la grandeza del Señor; mi **espíritu** se alegra en Dios mi Salvador.*"[13] Quiere decir, que la Vírgen María alaba a Dios con su mente, sus sentimientos y su voluntad, que son las partes del alma; sin embargo, note lo que sucede cuando ella alaba a Dios, Su espíritu se alegra, porque Dios, siendo Espíritu, se comunica con nosotros a través de nuestro espíritu, no a través de nuestra mente, ya que ésta **no se encuentra capacitada para entender a Dios**. Dios se comunica con usted y con todos nosotros a través de nuestro espíritu, no a través de la mente, los sentimientos o las emociones; por lo tanto, el gozo, la paz, la paciencia y toda bendición de Dios llegan directamente a nuestro espíritu (Figura #2).

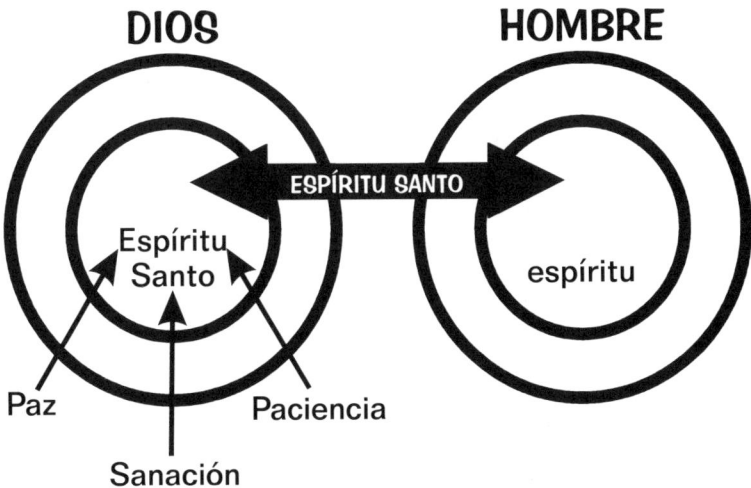

Figura #2

13 Lucas 1:46

23

La mente interpreta toda la información que llega a nuestro cerebro, por lo tanto, dependiendo de la clase de mente que tenemos, así mismo es la respuesta que damos a las diversas circunstancias que ocurren en nuestra vida; la respuesta puede ser, confiar en Dios con la seguridad de la victoria, o vernos como víctimas indefensas de las circunstancias.

*"Cuida tu mente más que nada en el mundo, porque ella es fuente de vida."*[14] Cuida de lo que depositas en tu ser interior, ponte en frente de un espejo y recuerda que a esa persona que estás viendo, tu tienes la obligación de hacerla feliz; recuerda que es tu herencia caminar en el espíritu, es tu decisión caminar en la carne, es decir, tus emociones (Figura #3).

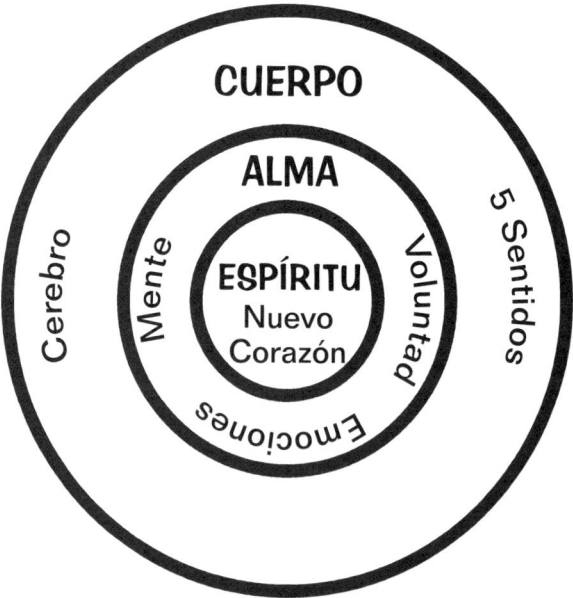

Figura #3

14 Proverbios 4:23

Es muy importante conocernos para amarnos y sanarnos. En el alma, además de la mente, los sentimientos y la voluntad, existen tres elementos que la conforman, estos son: el temperamento, el carácter y la personalidad.

1. **El Temperamento**: Todos nacemos con un temperamento que hemos recibido como herencia de nuestros antepasados, padres y abuelos. Se han definido cuatro categorías de acuerdo al tipo de temperamento de cada persona. Estas categorías son:

   **a.** Sanguíneo como el de Pedro.
   **b.** Colérico como el de Pablo.
   **c.** Melancólico como el de Moisés.
   **d.** Flemático como el de Abraham.

A continuación encontrará los cuadros con las cualidades y debilidades de cada temperamento. Es posible que usted encuentre que posee cualidades y debilidades de varios temperamentos, y esto es muy importante pues el objetivo es irnos conociendo cada vez más.

| SANGUÍNEO | |
| --- | --- |
| **CUALIDADES** | **DEBILIDADES** |
| Conversador | Débil de carácter |
| Expresivo | Inestable |
| Entusiasta | Indisciplinado |
| Cálido | Inquieto |
| Bien parecido | No confiable |
| Amigable | Egocéntrico |
| Compasivo | Ruidoso |
| Sin cuidados | Exagerado |
| | Temeroso |

## COLÉRICO

| CUALIDADES | DEBILIDADES |
|---|---|
| Voluntarioso | Iracundo |
| Determinado | Cruel |
| Independiente | Sarcástico |
| Optimista | Dominante |
| Práctico | Desconsiderado |
| Productivo | Orgulloso |
| Decisivo | Autosuficiente |
| Líder | No emocional |
| Confiable | Astuto |

## MELANCÓLICO

| CUALIDADES | DEBILIDADES |
|---|---|
| Dotado | Egocéntrico |
| Analítico | Taciturno |
| Sensible | Negativo |
| Perfeccionista | Teórico |
| Estético | Poco práctico |
| Idealista | Poco sociable |
| Leal | Crítico |
| Abnegado | Vengativo |
| | Rígido |

## FLEMÁTICO

| CUALIDADES | DEBILIDADES |
|---|---|
| Calmado | Tacaño |
| Tranquilo | Temeroso |
| Confiable | Indeciso |
| Eficiente | Espectador |
| Conservador | Auto-protector |
| Práctico | Egoísta |
| Líder | Carente de emoción |
| Diplomático | |
| Jocoso | |

Podemos ser egoístas como Pedro, hostiles como Pablo, despreciarnos a nosotros mismos como Moisés, o ser temerosos como Abraham. Todos podemos vivir una vida diferente, permitiendo que la plenitud del Espíritu Santo transforme nuestro temperamento.

2. **El Carácter:** Es el temperamento modificado, transformado por la vida, la sociedad, la familia, el país, la escuela, es decir, el carácter se adquiere, no es herencia como el temperamento. Usted no nació con el carácter que tiene el día de hoy. Su carácter ha sido moldeado de esa forma a través de su vida; por lo tanto, si transforma su temperamento, sanará su carácter.

3. **La Personalidad:** es lo que mostramos a los demás y que muchas veces no es coherente con lo que somos interiormente.

Todos nacimos con un temperamento que hemos heredado. Conforme fuimos creciendo, ese temperamento fue siendo moldeado por la vida y las circunstancias, y formó así nuestro carácter. Finalmente, mostramos a los demás nuestra personalidad, aunque en ocasiones ésta no refleja nuestra realidad interior.

Hermano(a), todos podemos transformar nuestro temperamento si permitimos que el Espíritu Santo obre en nosotros. Toma por ejemplo al apóstol Pedro, nuestro primer Papa. Pedro, de temperamento sanguíneo, antes de Pentecostés le había dicho a Jesus: "Maestro, aunque todos te dejen, yo no te dejaré," y fue de los primeros en salir corriendo cuando llegó la hora de la prueba; y no sólo eso, sino que también negó a su Maestro. Este mismo Pedro, después de Pentecostés, estando lleno del

Espíritu Santo, logra obtener el equilibrio que todos nosotros debemos buscar: que nuestro espíritu domine nuestra alma y que nuestra alma domine nuestro cuerpo.

Le invito a que estudie la vida de este sanguíneo, Pedro, dirigido por el Espíritu Santo.

a. Sabiduría de Pedro. (Hechos 4:31). La mayoría de personas no piensan adecuadamente cuando están bajo presión.

b. El gozo de Pedro. (Hechos 5:41) De igual manera Efesios 5 dice que la primera característica del cristiano que está lleno del Espíritu Santo es el gozo. Pedro ya no se quejaba, ni rezongaba.

c. La humildad de Pedro. (Hechos 9:36-42). El Espíritu Santo modificó al sanguíneo, el temperamento de Pedro, y ahora él le da gloria a Dios.

d. La vida de oración de Pedro. (Hechos 10). Los sanguíneos son inquietos, hacen mil cosas y no pueden pasar tiempo a solas con Dios.

e. El amor de Pedro. (Hechos 10:21). Los sanguíneos son tercos, porfiados, o testarudos, intolerantes, y sueltan lo que sienten o piensan.

f. La fe de Pedro. (Hechos 12:6). Pedro dormía sin temor, tranquilo en las manos del Padre celestial. No estaba encolerizado o preocupado por su seguridad.

**g.** La paciencia de Pedro. (Hechos 12). Los sanguíneos son sarcásticos al grado de lastimar los sentimientos de otros. Pedro Fuera de la cárcel, estimula espiritualmente a sus amigos y habla de la gracia en lugar de ridiculizar sus debilidades.

Hermano(a), Pedro fue transformado en una nueva criatura porque le permitió al Espíritu Santo tomar el control de su espíritu y de su vida. Pedro logró que su espíritu dominara su alma y su alma dominara su cuerpo. El Espíritu de Dios mora en usted también, así que usted también puede ser transformado. Rinda su vida al Espíritu Santo, alimente su espíritu y así empezará a ver el cambio en su vida.

A través de esta lectura, usted ha adquirido nuevos conocimientos sobre cómo está formado interiormente y cómo la sanación es un proceso que se realiza de adentro hacia fuera, partiendo del fortalecimiento de nuestro espíritu. En esta experiencia, y adentrándonos más en el camino de la sanación, vamos a estudiar entonces, con un enfoque ya más específico, esas diversas áreas de nuestra vida que necesitan sanación.

# CAPÍTULO 2

## DIOS NOS QUIERE SANOS

Muchas personas viven confundidas y convencidas de que su enfermedad es voluntad de Dios. Confundiendo así lo que Él usa para manifestar su Gloria, pero la enfermedad no es voluntad de Dios. Su voluntad perfecta es que estemos sanos en el espíritu, el alma y el cuerpo. Vamos a repasar los dos temas anteriores y a estudiar algunas lecturas de la Biblia tanto del Antiguo Testamento como del Nuevo Testamento que apoyan esta idea.

Ya desde el Antiguo Testamento Dios venía sanando a su pueblo.

*"Les dijo: 'Si ponen ustedes toda su atención en lo que Yo, el Señor su Dios, les digo, y si hacen lo que a mí me agrada, obedeciendo mis mandamientos y cumpliendo mis leyes, no les enviaré ninguna de las plagas que envié sobre los egipcios, **pues yo soy el Señor, el que los sana a ustedes**."*[15] Así como a Moisés, Dios le dijo "Yo soy el que soy" aquí Él afirma "Yo soy el que sana," como si el ser de Dios fuera sanar, ya que sanar es sinónimo de salvar; estos dos conceptos, sanar y salvar, están pro-

---

15  Éxodo 15:26

fundamente ligados. La sanación, entonces, no consiste simplemente en aliviarnos de algún dolor sino de liberarnos. *"Él sana a los que tienen roto el corazón, y les venda las heridas."*[16] Y aún nosotros habiéndole fallado, siendo infieles a ese acuerdo entre Dios y nosotros, Él nos sanará. *"Dice el Señor: 'Voy a curarlos de su rebeldía; voy a amarlos aunque no lo merezcan, pues ya se ha apartado de ellos mi ira.'"*[17] Su amor por nosotros, es un amor especial un amor sin condiciones al sanar. *"Y con todo, eran nuestras dolencias las que Él llevaba y nuestros dolores los que Él soportaba. Nosotros le tuvimos por azotado, herido por nuestras rebeldías, dolido por nuestras culpas. El soportó el castigo que nos trae la paz y por sus heridas alcanzamos la salud."*[18]

La sanación no es algo que vino a existir sólo desde Jesús hasta nuestros tiempos; como hemos leído, mucho tiempo antes del nacimiento de Jesús, ya Dios estaba sanando a su pueblo. Como éstas, hay muchas otras lecturas en el Antiguo Testamento que nos hablan de la sanación. Particularmente he escogido estas 4 porque vuelven a aparecer como parte del plan de Dios en la salvación del mundo en la persona de Jesús.

Veamos que incluso desde antes del nacimiento de Jesús, ya Dios a través del Ángel Gabriel, nos habla del plan de salvación que había dispuesto para nosotros. Cuando el Ángel se le aparece a José para anunciarle

16  Salmos 147:3
17  Oseas 14:5
18  Isaías 53:4-6

"Jesús subió a la barca y sus discípulos lo acompañaron. En esto se desató sobre el lago una tormenta tan fuerte que las olas cubrían la barca. Pero Jesús se había dormido. Entonces sus discípulos fueron a despertarlo, diciéndole: ¡Señor sálvanos! ¡Nos estamos hundiendo! Él les contestó: ¿Por qué tanto miedo? ¡Qué poca fe tienen ustedes! Dicho esto, se levantó y dió una orden al viento y al mar, y todo quedó completamente tranquilo. Ellos admirados se preguntaban: ¿Pues quién será éste, que hasta los vientos y el mar lo obedecen?"[23]

b. Sanación del miedo que los apóstoles sintieron al morir Jesús.

"Al llegar la noche de aquel mismo día, el primero de la semana, los discípulos se habían reunido con las puertas cerradas por miedo a las autoridades judías. Jesús entró y, poniéndose en medio de los discípulos, los saludó diciendo: ¡Paz a ustedes! Dicho esto, les mostró las manos y el costado. Y ellos se alegraron de ver al Señor."[24]

Y ya sanos, Pedro defiende a Jesús ante los judíos cuando en su propia cara les dice que ellos lo mataron.

---

23 Mateo 8:23-27b
24 Juan 20:19

*"Y a ese hombre, que conforme a los planes y propósitos de Dios fue entregado, ustedes lo mataron, crucificándolo por medio de hombres malvados."*[25]

c. A Nicodemo su posición pública no le dejaba libertad para declarar abiertamente a favor de Jesús por eso lo visita de noche.

*"Había un fariseo llamado Nicodemo, que era un hombre importante entre los judíos. Éste fue de noche a visitar a Jesús y le dijo: Maestro, sabemos que Dios te ha enviado a enseñarnos, porque nadie podría hacer los milagros que tú haces, si Dios no estuviera con él."*[26]

Luego, lo defiende ante las mismas autoridades religiosas.

*"Nicodemo, el fariseo que en una ocasión había ido a ver a Jesús, les dijo: Según nuestra ley, no podemos condenar a un hombre sin antes haberlo oído para saber qué es lo que ha hecho."*[27]

Y finalmente, luego de la crucifixión de Jesús, Nicodemo se atreve a pedir el cuerpo muerto del crucificado.

*"También Nicodemo, el que una noche fue a hablar con Jesús, llegó con unos treinta kilos de un perfume, mezcla de mirra y aloé. Así pues, José y Nicodemo tomaron*

25  Hechos 2:23
26  Juan 3:1
27  Juan 7:50,51

---------------------------------------------------------

el cuerpo de Jesús y lo envolvieron con vendas empapadas en aquel perfume, según la costumbre que siguen los judíos para enterrar a los muertos."[28]

2. Sana del odio.

Entre judíos y samaritanos existía un odio racial. Jesús dialoga dulcemente con una samaritana.[29]

3. Sana del remordimiento.

Cuando Pedro negó a Jesús se llenó de remordimiento y lloró amargamente.

"Y salió Pedro de allí y lloró amargamente."[30] Pero Jesús sanó cada una de las tres negaciones de Pedro con una triple profesión de Fe.

"Terminado el desayuno, Jesús le preguntó a Simón Pedro:

Simón, hijo de Juan,
¿me amas más que estos?
Pedro le contestó:
Si, Señor, tú sabes que te quiero.
Jesús le dijo:
Cuida de mis corderos.

Volvió a preguntarle:
Simón, hijo de Juan, ¿me amas?
Pedro le contestó:
Sí, Señor, tú sabes que te quiero.
Jesús le dijo:
Cuida de mis ovejas.

28 Juan 19:39,40
29 Juan 4
30 Lucas 22:62

**37**

Por tercera vez le preguntó:
Simón, hijo de Juan, ¿me quieres?
Pedro, triste porque le había preguntado
por tercera vez si lo quería, le contestó:
Señor, tú lo sabes todo.
Tú sabes que te quiero.
Jesús le dijo:
Cuida de mis ovejas."[31]

4. Sana del amor al dinero.

Zaqueo era un hombre rico y jefe de publi-
canos. Al tener un encuentro con Jesús es
sanado por el mismo Jesús de su ambición
por el dinero repartiendo así la mitad de
sus bienes a los pobres.

"Jesús entró en Jericó y comenzó a atra-
vesar la ciudad. Vivía allí un hombre rico
llamado Zaqueo, jefe de los que cobran
impuestos para Roma. Éste quería conocer a Jesús, pero no conseguía verlo porque había mucha gente y Zaqueo era
pequeño de estatura. Por eso corrió adelante y, para alcanzar a verlo, se subió a
un árbol cerca de donde Jesús tenía que
pasar. Cuando Jesús pasaba por allí, miró
hacia arriba y le dijo:

Zaqueo, baja enseguida, porque hoy
tengo que quedarme en tu casa.

---

31  Juan 21:15-17

---------------------------------------------------  Milton López

*Zaqueo bajó a prisa, y con gusto recibió a Jesús, al ver esto, todos comenzaron a criticar a Jesús, diciendo que había ido a quedarse en la casa de un pecador.*

*Zaqueo se levantó entonces y le dijo al Señor:*

*Mira, Señor, voy a dar a los pobres la mitad de todo lo que tengo; y si le he robado algo a alguien, le devolveré cuatro veces más.*

*Jesús le dijo:*

*Hoy ha llegado la salvación a esta casa, porque este hombre también es descendiente de Abraham. Pues el Hijo del hombre ha venido a buscar y salvar lo que se había perdido."*[32]

5. Jesús sana físicamente.

*"Un día en que Jesús estaba enseñando, se habían sentado por allí algunos fariseos y maestros de la ley venidos de todas las aldeas de Galilea, y de Judea, y de Jerusalén. Y el poder del Señor se mostraba en Jesús sanando a los enfermos."*[33]

Como éste existen muchos otros textos en la Biblia que hablan de Jesús sanando a los enfermos.

32 Lucas 19:1-10
33 Lucas 5:17

**39**

# CAPÍTULO 3

## LA SANACIÓN INTERIOR

"Al anochecer llevaron a Jesús muchas personas ende-moniadas; y con una orden expulsó a los espíritus malos, y también sanó a todos los enfermos. Esto sucedió para que se cumpliera lo que anunció el profeta Isaías, cuando dijo: 'El tomó nuestras debilidades y cargó con nuestras enfermedades.'"[34] Este pasaje bíblico nos enseña algo que es sumamente importante conocer en nuestra vida y es que, ¡Jesús ya nos ha dado la sanación!

Estudiando detenidamente la Escritura nos damos cuenta que aquí el verbo "tomó" está en pasado, quiere decir que está hecho; no dice que va a tomar, dice que él "tomó" nuestras debilidades; por lo tanto, si nosotros tenemos debilidades es porque ignoramos que hay alguien, el Cordero Inmolado, el Rey de la gloria, que tomó nuestras debilidades, y si Él ya las tomó, ya no son nuestras, Él ya lo hizo. Después la Escritura agrega que Él cargó con nuestras enfermedades quiere decir que yo no tengo porque cargar con estas enfermedades.

Es importante analizar entonces estas dos palabras, debilidades y enfermedades. Veamos algunos ejemplos de debilidades: El celo, la envidia, complejo de inferiori-

34 Mateo 8:16,17

**41**

dad, complejo de superioridad; el decir no puedo, no sirvo, o el considerarme ignorante o que no se me quedan las cosas, tener la autoestima baja, etcétera. Estos son algunos ejemplos de debilidades que nosotros podemos tener. Ahora, ejemplos de enfermedades físicas que generalmente son producto de nuestras debilidades son: El cáncer, el sida, la diabetes, la artritis, la gastritis, etcétera. Algunas otras enfermedades son producto de nuestros desórdenes; por ejemplo, el alcohólico puede llegar a sufrir del hígado o del estómago; las personas que se enojan con facilidad, que son coléricas, generalmente sufren de presión alta, artritis y diabetes.

Cuando estudiamos nuestra vida nos damos cuenta de que el ser humano se parece a un árbol, en el sentido de que al cortarlo, el árbol tiene diferentes capas, anillos, o aros, los cuales un naturalista puede usar para estudiar el desarrollo y la historia del árbol; al cortarlo del tronco y analizar los círculos, él puede ver las diferentes épocas por las que atravesó el árbol: época de lluvia, época de fuego, época de sequía; entonces en esa corteza, se ve la historia, el tiempo, las épocas vividas por el árbol, al igual que se ven las huellas de todos esos diferentes momentos que ese árbol ha pasado. Todo eso está allí grabado para siempre y se nota que todo eso se dió en un proceso. Pues así es nuestra memoria, toda nuestra historia, tiempo, y épocas vividas están grabadas ahí para siempre y esas memorias están grabadas vivas, a través de los recuerdos que en muchas ocasiones nos afectan.

Toda nuestra historia está grabada en nuestra memoria para siempre, por eso decirle a una persona que intente, o que puede olvidar el pasado, es un error enorme, porque eso es imposible; todo lo que nos ha sucedido desde el vientre de nuestra mamá hasta el día de hoy, está grabado en nuestra memoria y no lo podemos olvidar, pero lo que sí podemos lograr es recordar aquellas experiencias difíciles y sin que nos causen dolor, y vamos a lograrlo a través de un proceso de sanción que nos llevará a vivir en paz con nuestro pasado.

Todos los recuerdos del pasado que están grabados en nuestra memoria, afectan directamente nuestros conceptos, nuestra manera de pensar, y tienen relación directa con nuestros sentimientos y nuestra relación con Dios, con el prójimo y con nosotros mismos. Es importante sanarnos internamente, esto es definitivo en nuestra vida si queremos que se cumpla la razón principal por la cual usted y yo fuimos creados. **Usted y yo fuimos creados para ser felices.**

Entonces tenemos que estudiar, y reflexionar en ciertos estados emotivos, sentimientos que pueden estar afectando nuestra vida.

Debo recordarle que no existe sanación inmediata para nuestras emociones, ni para nuestros problemas de personalidad; nos enfermanos en un proceso, durante determinado tiempo, y nos sanamos también en un proceso que requiere de un determinado tiempo.

La Sagrada Escritura, en el Evangelio según San Mateo dice: "*Ustedes los pueden reconocer por sus acciones, pues no se cosechan uvas de los espinos ni higos de los cardos. Así, todo árbol bueno da fruto bueno, pero el árbol malo da fruto malo.*"[35] Esta es una parábola y Jesús nos enseña por medio de esta comparación, que al igual que un árbol, también a nosotros nos pueden conocer por los frutos que damos; también es cierto, que podemos conocer a una persona por sus raíces, y cuando conocemos la raíz de una persona, su origen, cuando entende-

35 Mateo 7:16,17

**43**

mos su pasado, cuando entendemos por qué esa persona tiene ciertas tendencias, entonces ya no le juzgamos sino que le comprendemos y le damos amor.

¿Cuántas veces en la iglesia vemos actitudes poco Cristianas por parte de los hermanos con quienes nos relacionamos, y ante esto llegamos a preguntarnos por qué estas personas actúan así? Es importante que cuando esto suceda, primero analicemos la situación de ese hermano(a); conocer sobre el pasado de una persona nos va a ayudar a comprenderla. Personalmente me he encontrado con personas muy difíciles de tratar, pero cuando he tenido la oportunidad de conocer un poco más acerca del pasado de ellas he logrado entenderlas y sentir misericordia y amor por ellas. Llego a entender que esa persona no quiere ser así, pero que la vida y las circunstancias le han formado el carácter que tiene y que está mostrando una personalidad que no es la suya.

Este ejemplo te dará una perspectiva más clara de esta idea: Una mujer que se queda sin esposo y queda sola con tres hijos, trata de asumir el papel de mamá y de papá en la familia, asumiendo así la personalidad y el carácter del padre, lo cual es antinatural. ¿Y qué sucede con esta mujer cuando sus hijos crecen y se van de la casa? La mujer se queda con el carácter del padre que ella adquirió; un carácter fuerte, en el que domina, habla fuerte, y por supuesto sufre porque **ella no puede ser lo que no es.** Una madre que está criando hijos sin padre debe ser madre y permitir que Dios sea el padre de sus hijos; en definitiva esa es la verdad absoluta, **Dios es el verdadero papá de sus hijos,** el hermano mayor de esos hijos es Jesús y la fuerza que los va a sostener es la del Espíritu Santo, y el manto de la Vírgen María es el que los va a cubrir y va a interceder y orar por ellos todos los días.

Decíamos anteriormente, que muchas de las enfermedades y dificultades que se nos presentan son el resultado de nuestras malas decisiones, impulsadas por nuestros estados emotivos; por lo tanto, lo primero que debemos hacer es reconocer esas malas decisiones y entregárselas al Señor; Dios puede ayudarnos a controlar nuestros estados anímicos, y Él sí puede transformar una mala decisión en bendición.

Vamos a analizar ciertos estados emotivos que afectan nuestra manera de vivir:

1. **La emoción que dice no vales.**

Esos son continuos sentimientos de ansiedad dirigidos por complejos de inferioridad que te hacen decir no sirvo, no puedo, estoy viejo(a), soy feo(a), soy gordo(a).

La Palabra nos enseña: ama a Dios, ama al prójimo y ámate a ti mismo, esta es la buena nueva del Evangelio que tiene que llegar a esos sentimientos; tienes que cambiar la manera de pensar para cambiar la manera de vivir, y para cambiar tu manera de pensar tienes que cambiar tu manera de hablar, en lugar de decir no puedo, di sí puedo, yo soy hijo(a) de Dios, yo soy creación divina, yo soy imagen y semejanza de Dios, yo soy templo del Espíritu Santo, yo tengo la capacidad, la habilidad, la libertad de Dios, yo soy heredero de todas la promesas que están en las Escrituras; eso es lo que es usted, **usted no es lo que la gente dice que usted es**, usted no es lo que tu propia mente dice

45

que es, así que usted sí puede, usted sí vale, usted es importante.

2. **Estado del perfeccionista.**

Las personas perfeccionistas hablan de esta manera: nunca hago algo bien, nunca puedo complacerme y siempre vivo en culpabilidad. Las personas perfeccionistas nunca están satisfechas porque todo lo quieren hacer a la perfección, y eso no quiere decir que nosotros no debemos tratar de hacer lo mejor posible, pero debemos siempre estar claros de que no hay perfección en esta vida, no hay hijos perfectos, no hay esposo perfecto, no hay esposa perfecta, no hay predicador perfecto, no hay grupo perfecto, no hay trabajo perfecto, no hay hogar perfecto, no hay madre perfecta, no hay padre perfecto, no hay libro perfecto; así que si quieres encontrar a alguien perfecto, vas a tener que morirte e ir al cielo porque es el único lugar donde puedes encontrar perfección, aquí no la hay; así que trate siempre de hacer las cosas lo mejor posible pero sabiendo que no van a salir perfectas.

3. **Las personas que son supersensitivas.**

Estas son personas que han sido heridas profundamente y se mantienen en constante búsqueda de amor, apoyo, y afecto. Una persona supersensitiva es una persona que cree que la gente siempre está hablando de ella y cuando llega a un lugar tiende a pensar que la gente le está mirando, y generalmente la persona supersensitiva también se fija en los demás aunque tal vez no lo diga; esa persona supersensitiva tiene una grieta de soledad en su vida y tiene una gran necesidad de amor, apoyo y afecto. Esa persona supersensitiva a veces da una falsa impresión, es decir, muestra una personalidad que no está acorde con su carácter. Por último, una persona supersensitiva se parece a una planta que es famosa en la República de El Salvador, me refiero a las violetas; a las violetas si se les echa mucha agua se marchitan, si les da mucho sol se mueren y si les da mucha sombra se ponen de lado; total, a las tales violetas no hay manera de tenerlas a gusto, son supersensitivas.

Reflexionemos en nuestra propia experiencia personal y pudiera ser que en el día o en el mes nosotros tengamos momentos sensitivos tal vez, unos más que otros; revisemos si ese estado emotivo nos está haciendo daño.

4. **Estado de miedo.**

Otra área en la que hay que reflexionar, es en el área del miedo. El miedo es un arma que el enemigo usa grandemente para atacarnos siempre.

La mayoría de nosotros pensamos que lo contrario del miedo es el valor, pero no es así; lo opuesto al miedo es el amor, por lo tanto, para vencer al miedo lo podemos vencer con amor. Dice la primera carta de

San Juan: "*Donde hay amor no hay miedo. Al contrario, el amor perfecto echa fuera el miedo, pues el miedo supone el castigo. Por eso si alguien tiene miedo, es que no ha llegado a amar perfectamente.*"[36] Entonces para vencer el temor debemos caminar en amor.

Todos podemos tener diferentes clases de miedo: miedo a estar encerrados (claustrofobia), miedo a entrar a los elevadores, miedo a la oscuridad, miedo a la vejez, miedo a la enfermedad, miedo a la soledad; por ejemplo, las mujeres que tienen de 25 a 30 años tienen un gran miedo, y es el de no llegar a casarse o en un lenguaje popular, miedo a que "las deje el tren" y eso las hace cometer errores.

Jesús conocía mucho sobre este estado emotivo que nos ataca y por eso repetía mucho; no temas, no temas.

El miedo tiene un gran efecto en el ser humano, incluso nos paraliza, pero podemos vencerlo citando la Palabra de Dios: "*Pues Dios no nos ha dado un espíritu de temor, sino un espíritu de poder, de amor y de buen juicio.*"[37] También ayuda a vencer el espíritu del miedo el cubrir nuestro ser con la Sangre de Jesús. Recuerde que usted no debe tener miedo al futuro porque su futuro está en manos de Dios; no debe tener miedo a la enfermedad porque

36  San Juan 4:18
37  2 Timoteo 1:7

-------------------------------------------------- Milton López

Jesús cargó con sus enfermedades; no debe tener miedo a la debilidad porque Jesús tomó sus debilidades; no debe tenerle miedo al temor porque Dios le ama a usted como nadie lo ha amado en esta vida. Viva el amor, disfrute el amor y goce el amor.

Ahora deseo compartir con usted un miedo que he descubierto en muchos hermanos(as) en este caminar en Cristo, y es que muchos de nosotros, los creyentes, le tenemos miedo al Señor, sino analicemos ¿por qué tanta dificultad para entregarnos, para rendirnos al Señor?

Seguramente la respuesta es que tenemos miedo de que Él nos va a pedir todo, y eso es cierto, El Señor no pide poco, Él lo pide todo. "o estás conmigo o estás contra mí" dice Jesús. Y sucede que nosotros tenemos miedo a deshacernos de nuestros ídolos, de nuestros apegos, de nuestras seguridades. Toda entrega amorosa requiere sacrificio y El Señor ya dio el primer paso de amor; así como para tener una buena relación matrimonial se necesita sacrificio en beneficio de la relación, así mismo en la relación con Dios; la gran diferencia es que esta entrega la hacemos al Señor que es fiel, que es infinitamente bueno, que desea nuestro bien, el que nunca se cansa ni descansa, el que te da paz pero no te deja en paz, el que nunca nos va a traicionar, el que nos pone ante la realidad de que somos criaturas, que todo

49

se nos ha dado, que nada es nuestro, que somos siervos, seres con limitaciones, el que no nos pide que cambiemos sino que nos dejemos cambiar por Él.

*Ríndete a Él, ríndelo todo, el pasado, el presente y el futuro; tu espíritu, tu alma y tu cuerpo. Dale a Él el señorío de tu vida, de tu forma de hablar, de ver, de caminar, de sonreír, de vestir; entrégale todo a Él y serás libre y sano.*

*Te invito a que en este momento hagas una oración de entrega al Señor; deja que Él domine tu vida, prométele que de hoy en adelante toda decisión que vayas a tomar, la consultarás primero con Él.*

5. La quinta área para reflexionar en nuestra vida es el área del sexo, área que puede contener muchos sentimientos dañados.

Tal vez fuiste abusada cuando eras niña; tal vez usted varón de Dios fue abusado en su niñez y esto le trae grandes dificultades al momento de compartir íntimamente con su pareja. A mí me sucedió, hace un tiempo, cuando me preparaba para impartir unas clases de sanación interior, me di cuenta de que yo fui abusado sexualmente cuando tenia 5 años de edad, y por mucho tiempo yo ignoraba eso. Cuando empecé a estudiar acerca de la sanación interior el Espíritu Santo me mostró esa herida, ese daño que tenía en mi área sexual, y finalmente pude trabajar en mi sanación, y cuando fui sanado fue maravilloso. Hoy le puedo contar este testimonio de mi sanación con mucha alegría y sin ningún dolor; así también usted podrá enfrentar esa situación y ser libre de cualquier opresión que pueda estar sintiendo.

En muchos casos, los problemas en el área del sexo, se deben a la falta de educación sexual, a los muchos mitos que tenemos y a la ignorancia que hay en nuestro pueblo. El sexo fue creado por Dios y bajo su sombra, el matrimonio está diseñado para que el hombre y la mujer disfruten procreando hijos(as), pero el mundo lo ha distorsionado, el sistema en que vivimos nos programa para ver el sexo de una manera dañina.

# CAPÍTULO 4

## EL CAMINO DE SANACIÓN

"*De igual manera, el Espíritu nos ayuda en nuestra debilidad*. *Porque no sabemos orar como es debido, pero el Espíritu mismo ruega a Dios por nosotros, con gemidos que no pueden expresarse con palabras.*"[38]

En el camino de la sanación el primer paso es entender que somos seres espirituales, y que por tanto, somos dirigidos por el Espíritu Santo (cuando se lo permitimos), y que Él viene en nuestra ayuda para mostrarnos las debilidades y las heridas que están escondidas en nuestro ser y que no recordamos, pero que están ahí dentro y nos hacen sufrir; el enemigo las mantiene escondidas para que tú y yo no sepamos que están ahí, y de esa manera mantenernos en atadura; sin embargo, el Espíritu Santo que conoce las profundidades de nuestro ser nos ayudará en nuestra debilidad e intervendrá por nosotros para pedir ayuda a Dios por nuestra sanación.

Vemos que Dios hace la primera parte en el camino de la sanación a través de su Espíritu Santo quien nos revela las heridas escondidas que llevamos y quien nos ayuda en nuestra debilidad rogando a Dios a favor nuestro; ahora veremos la parte humana que nos corresponde hacer a usted y a mí en este camino.

---

38 Romanos 8:26

1. **Enfrentar el problema:** Eso se llama honradez. Esa herida oculta que nadie la sabe, tiene que ser hablada. Número uno, tiene que ir al sacramento de reconciliación y confesarlo al Sacerdote; ese es el primer paso, porque si, por ejemplo, tiene odios o resentimientos contra la persona que le maltrató, que le traicionó, que le trato mal, o contra algún familiar por alguna razón, etcétera; tiene que confesar ese sentimiento para que Dios le perdone. Y segundo, tiene que buscar dirección espiritual, pidiéndole al Espíritu Santo que le dirija hacia una persona para que le guíe espiritualmente, porque después de que usted confiesa su pecado, necesita sanación de ese pecado, ya que las huellas del pecado quedan adentro y necesitan ser sanadas. *"Por eso, confiesen unos a otros sus pecados, y oren unos por otros para ser sanados. La oración fervorosa del gusto tiene mucho poder."*[39]

2. **Aceptar su responsabilidad:** Tomemos este ejemplo; puede llegar a ser algo justificable la primera vez que usted se embriagó, que se emborrachó, pero no las veces subsecuentes; quizás la primera vez lo hizo porque era ingenuo o por curiosidad, no sabía que era nocivo para usted; pero por las demás veces que sucedieron, usted sí tiene culpa puesto que decidió seguir haciéndolo.

Si usted desea sanarse debe de cesar de culpar a otras personas por sus errores, acepte su responsabilidad.

Claro que esto de culpar a otros no es nada nuevo. Adán cuando vió a Eva por primera vez, lo primero que dijo fue, *"ésta sí es carne de mi carne y hueso*

39 Santiago 5:16

*de mi hueso,"* en otras palabras, le gustó Eva. Eva le dio a Adán que probara del fruto prohibido y él probó, y cuando venía Dios en las horas de la tarde al jardín del Edén, comienza a llamar a Adán pero éste estaba escondido y Dios preguntó ¿Dónde estás Adán? Dios sabía dónde estaba y también sabía lo que había sucedido, pero le estaba dando una oportunidad a Adán de que aceptara su responsabilidad, de que se arrepintiera, pero Adán no lo hizo; por el contario, comenzó a echarle la culpa a otro, y en el diálogo que sucede entre Dios y Adán,[40] Adán le dice a Dios, *"es que te oí y sentí miedo."* Miedo es la primera consecuencia del pecado. Entonces continúa Adán diciendo, *"la mujer que tú me diste por compañera me dio de ese fruto, y yo lo comí."* Note que cuando Adán vió a Eva, ella le gustó pero ahora le dice a Dios, la mujer que tú me diste, como diciendo, yo no te la pedí, Adán le echó la culpa a Dios. Así que desde el primer matrimonio de la creación vemos que echarle la culpa al otro es nuestro deporte favorito. Es momento de cambiar esa actitud frente a la vida y empezar a aceptar las responsabilidades de nuestros actos.

3. *"Después de esto llegó una fiesta de los judíos, y Jesús subió a Jerusalén. Hay en Jerusalén, junto a la (puerta) de las Ovejas una piscina llamada en hebreo Betzata, que tiene cinco pórticos. Allí estaban tendidos una cantidad de enfermos, ciegos, cojos, paralíticos, que aguardaban que el agua se agitase. Y estaba allí un hombre, enfermo desde hacía treinta y ocho años. Jesús, viéndolo tendido y sabiendo que estaba enfermo hacía mucho tiempo, le dijo:*

40 Génesis 3:1-24

"¿Quieres ser sanado?'".
El enfermo le respondió:
"Señor, yo no tengo a nadie que me meta
en la piscina cuando el agua se agita;
mientras yo voy, otro baja antes que yo".
Jesús le dijo:
'Levántate, toma tu camilla y anda'.
En aquel momento el hombre quedó sanado,
tomó su camilla, y se puso a andar."[41]

Así como el enfermo de este pasaje bíblico, si usted está con alguna parálisis, si tiene ceguera espiritual, si está cojeando de algo en su vida o tiene cualquier otra enfermedad, Jesús viene a usted, Él sale a su encuentro. Jesús es el mismo ayer, hoy y siempre; esto significa que Jesús está ahí donde usted está. Jesús viene a usted y sabe cuánto tiempo lleva sufriendo, conoce las debilidades y enfermedades que usted está cargando y que Él ya tomó y cargó por usted hace mucho tiempo.

Él le hace la misma pregunta que le hizo al enfermo de 38 años *¿Quieres ser sanado?* y muchas veces al igual que el paralítico usted le responde: Señor no tengo a nadie. *¿Quieres ser sanado?* Le pregunta el Señor, y usted responde: es que mire que yo soy así porque abusaron de mí cuando yo era niña(o), y por eso he tenido una vida desordenada andando de hombre en hombre o de mujer en mujer. *¿Quieres ser sanado?* Es que soy alcohólico porque mi papá y mi abuelo eran alcohólicos. *¿Quieres ser sanado?* Es que si usted conociera la familia de donde yo vengo. *¿Quieres ser sanado?*

41   Juan 5:1-9

Es que si conociera donde yo vivo, allí hay sólo gente mala, alcohólica y drogadicta. *¿Quieres ser sanado?* Eso es todo lo que Jesús pregunta. Al Señor no le interesa tu debilidad y enfermedad porque Él ya la tomó y cargó con ella; al Señor le interesa usted y quiere ayudarle a que rompa con ese programa mental que usted tiene de justificación, de que es así por tal cosa; Él quiere sanarle internamente del miedo, de las heridas del sexo, de que es supersensitivo, que es perfeccionista, de sus complejos, de inferioridad, de todo eso Jesús quiere sanarle; Él quiere que entre en el proceso de sanación.

El enfermo le dijo: *"No tengo a nadie,"* y dijo la verdad, porque ese enfermo la única seguridad que tenía era la camilla; ese enfermo nunca había recibo un abrazo, una manifestación de cariño, una palabra de aliento o de amor, incluso él mismo se daba automensajes negativos, tenía la autoestima baja, enferma, negativa; se sentía discriminado aislado, triste, solo, abandonado; y así podemos sentirnos nosotros; tal vez usted es casado(a), tiene hogar, hijos y aún así se siente solo(a) porque la soledad es la ausencia de Dios en nuestra vida; ese vacío solamente Dios lo puede llenar; tal vez el ego hasta ahora le ha estado mintiendo y ha tenido que consentirlo para sentirse bien; es hora de enseñarle al ego que tú eres más que eso, es hora de enseñarle a su mente, que la mente no tiene la capacidad de recibir la sabiduría de Dios, pero sí tiene la capacidad para recibir del Espíritu Santo a través de su espíritu, la sabiduría de Dios.

"*No tengo a nadie,*" puede ser que usted se sienta así, pero mire que Jesús, no responde a sus quejas, no responde a esas necesidades, analice lo que le dice al paralítico de 38 años de enfermedad y también se lo dice a usted: **¡Levántate!**, levántate, el Señor le está hablando a la parte más importante de nuestra vida que es nuestro espíritu, si en nuestro espíritu no mora el Espíritu Santo, entonces en nuestro espíritu no hay vida. Entonces, a ese Espíritu Santo que recibimos en el bautismo, ahora déle libertad, entréguele su espíritu. Mi alma alaba al Señor y mi espíritu, dice la Vírgen María, se alegra en su presencia. La comunicación con Dios es espiritual, es del Espíritu Santo a nuestro espíritu, por eso, el espíritu nuestro tiene que ser levantado a través del poder del Espíritu Santo.

**¡Toma tu camilla!**, enfrente sus problemas. Ya, su camilla no es su seguridad, ahora usted con el espíritu levantado va a tomar su camilla, va a enfrentar sus problemas, va hacer una decisión. Aquí Jesús le está hablando al alma, tiene que decidir diciendo, voy a enfrentar, voy a aceptar, voy a dejarme de quejar, voy a comenzar a amar, voy a comenzar a servir; haga su decisión de comenzar hoy, en este día, una nueva vida.

**¡Anda!** La tercera palabra que Jesús le dice al paralítico se aplica a nosotros, anda. Y para andar y caminar, ahora Jesús le está hablando al cuerpo, y fíjese bien lo que sucede: "*En aquel momento el hombre quedó sanado, tomó su camilla, y se puso a andar.*"[42] Al instante el hombre quedó sanado. Cuando Jesús le dijo: Levántate, le habló a su

42  Juan 5:9

------------------------------------------------------ Milton López

espíritu, toma tu camilla, ahora aquí el enfermo no dijo: No tengo a nadie. No dijo: tengo que bañarme en la piscina; ya el enfermo no se preocupa de lo que decían de él, el enfermo tomó una decisión, voy a vivir, voy a ser feliz, voy a tomar una nueva dirección, voy hacer una decisión por Cristo. Tomó su camilla; antes la camilla lo sostenía a él, ahora él tomó la camilla, tomó su vida y se puso a andar, después de que tomó una decisión y su espíritu fue levantado.

Este paralítico pudo haber tomado esa decisión desde hace mucho tiempo, pero se había dejado dominar por esos estados anímicos, y por eso fue infeliz 38 años. También usted que está leyendo este libro, si hasta ahora ha sido infeliz, de hoy en adelante puede cambiar su vida si le entrega todas esas áreas al Espíritu de Dios.

*Oración: Que el Señor bendiga a cada persona que está leyendo este libro, que la Sangre del Cordero purifique su corazón, limpie su mente, que el Señor Jesús a través de su Santo Espíritu le muestre cuáles son esas debilidades escondidas que usted tiene en su ser, y en este proceso de sanación podamos llegar al cielo y tener ese encuentro maravilloso con nuestro Padre, porque Él mandó a Jesús para que Él tomara nuestras debilidades y cargara con nuestras enfermedades. En el Santísimo nombre de Jesús con la intercesión de María, en la unción del Espíritu Santo y le demos todo honor y toda gloria al Padre porque Él reina y vive por los siglos de los siglos. Amén.*

**60** ----------------------------------------------------------------

# CAPÍTULO 5

## LA SANACIÓN
## DE LOS RESENTIMIENTOS

El resentimiento es un mal que se encuentra en nuestra alma al igual que el odio, los celos, la envidia, los complejos y la falta de perdón, por citar algunos (Figura #4). Una persona con resentimientos no tiene la capacidad de amar; puede tener momentos en los que muestra afecto y cariño pero el amor de Dios no domina su ser.

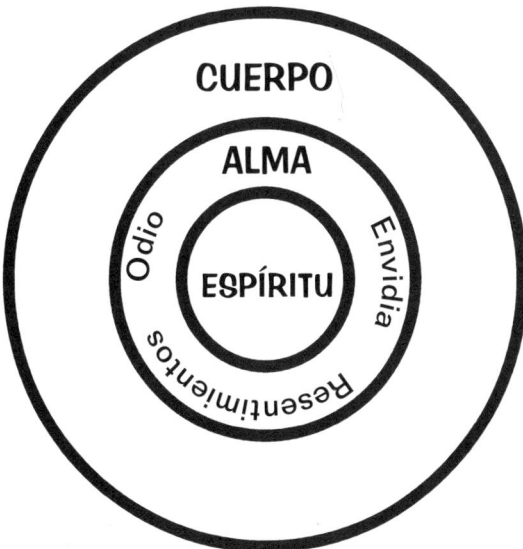

Figura #4

Una persona con resentimientos o con un corazón no perdonador, no es dirigida por su espíritu sino por su mente y sus sentimientos.

Así como una persona que se encuentra enferma físicamente muestra síntomas de su enfermedad, así también, una persona con resentimientos muestra síntomas de este mal que está en su interior. Estudiemos entonces los síntomas de una persona con resentimientos:

1. Una persona con resentimientos no puede **AMAR**, recordemos que el amor es un fruto del Espíritu Santo, y esta persona al no estar dirigida por el Espíritu es incapaz de manifestar amor; puede **QUERER**, y el querer es un fruto de la carne.

   Amar es dar, el querer es recibir, amar es hacer feliz al otro; querer es buscar que me hagan feliz a mí, amar es entregarse, el querer es egoísmo.

   Una persona con resentimientos puede mostrar afecto o cariño algunas veces, pero no siempre, y es notable porque algunas veces saludan y tratan bien, y algunas otras no, señalan e ignoran a la otra persona.

2. Una persona con resentimientos habla mucho y generalmente lo hace para criticar destructivamente al otro.

3. Una persona con resentimientos no se puede concentrar necesita estar siempre ocupado(a), siempre tiene que estar haciendo algo, no tiene paz.

4. Una persona con resentimientos es dominada por su mente y aunque sea servidor del Señor o desempeñe un oficio en la iglesia se caracteriza porque cuando habla lo hace con:

a. Sensualidad
b. Doble sentido
c. Lógica
d. Vanagloria
e. Orgullo

El resentimiento es un sentimiento de disgusto o enfado que está contenido en el corazón, y es avivado por el recuerdo de una ofensa o un daño que hemos recibido.

Es común escuchar de una persona con resentimientos la frase *"es que yo no puedo perdonar"* en realidad lo que esta persona está diciendo es que no puede amar. Entonces, para lograr la sanación de los resentimientos, es indispensable lograr algo que en nuestra vida puede ser muy complicado si lo intentamos por nuestra propia fuerza; sin embargo, si lo ponemos en las manos de Dios y pedimos la ayuda del Espíritu Santo podemos llegar a conseguirlo, me refiero a **PERDONAR**.

## EL PERDÓN:

En uno de los talleres que imparto, he trabajado reflexionando en el tema del perdón. Mi reflexión personal y experiencia en el tratamiento de las personas, me ha hecho entender el perdón como un medio de sanación. Hemos descubierto lo que es propiamente el perdón, y me atrevo a expresar que es una **decisión personal**, independiente del sentimiento que le acompaña y/o condiciona. Además, es necesario entender y saber a quiénes debemos perdonar, tema que vamos a desarrollar con más profundidad en este taller. Sí, digo taller, porque la sanación es la experiencia de una reparación que ha de hacerse con extremo cuidado y con las herramientas necesarias para lograr nuestro objetivo.

Entremos en materia. En esencia el perdón es una **decisión**. Yo decido perdonar y esa decisión es independiente de lo que sienta o no; usted no puede sentir perdonar a alguien, pero aún así puede decidir perdonar. Si usted se deja llevar por sus sentimientos jamás va a perdonar. Recuerde, *no es cuestión de sentir, es cuestión de decidir*, y la decisión la debe hacer porque a usted le conviene. El que no perdona es el gran perdedor. Repita constantemente estas palabras: *Yo debo perdonar porque a mí me conviene*. Lo que sucede muchas veces es que nos excusamos y nos escondemos con frases como: ¡Ah hermano, es que usted no sabe lo que esa persona me ha hecho! No importa, recuerde: El perdón es una decisión, no un sentimiento y por tanto no se condiciona.

Una persona me dijo un día la siguiente frase: Perdóneme hermano si en algo lo ofendí. ¿Cree usted que está correcta esa expresión, sí o no? ¿Cree usted que esta persona me dijo eso porque estaba conciente de que me ofendió? La respuesta es por supuesto que sí; esta persona estaba conciente que me había ofendido, pero lo disfraza diciendo "perdóneme si en algo lo ofendí"; no solo no está pidiendo perdón, sino que su supuesto perdón viene acompañado de una mentira. Lo que tiene que decir es: Perdóneme porque le ofendí.

**Tres momentos importantes del perdón:**

¿A quién debemos perdonar? Cuando un maestro de la ley le preguntó a Jesús, ¿qué debía hacer para conseguir la vida eterna?, Jesús le contestó: "*Ama al Señor tu Dios, con todo tu corazón, con toda tu alma, con todas las fuerzas y con toda tu mente, y ama a tu prójimo como a tí mismo.*"[43]

43 Lucas 10:27

Así como el Evangelio me invita a amar a Dios, al prójimo y a mí mismo, así también, podríamos decir que de la misma manera debemos nosotros perdonar en esas tres direcciones. Quiere decir que no debemos temer perdonar a Dios; lo digo porque algunas personas culpan a Dios por lo malo que les sucede, ya lo vamos a ver. Entonces, así como la invitación es a amar a Dios, al prójimo y a mí mismo, así también es la invitación a practicar el perdón. Debo de aclarar que aunque Dios no necesita de nuestro perdón, el perdonar al prójimo y el perdonarnos a nosotros mismos son condiciones indispensables para el amor. El amor y el perdón van de la mano. Cuando una persona dice: *no puedo perdonar*, lo que está diciendo en realidad es: *no puedo amar*, porque el que ama, perdona.

**Primer momento del perdón:** Perdonar a Dios. A veces se tiene resentimiento hacia Dios por algunas cosas que nos suceden, por ejemplo: una muerte en la familia, enfermedades, sufrimientos de seres queridos, oración no contestada, etcétera. De todas estas cosas que nos pueden producir un resentimiento, hay que perdonar para que no obstaculicen la sanación.

*"Hablé imprudentemente de cosas que no conocía, cosas maravillosas superiores a mí, yo te conocía sólo de oídas, pero ahora te han visto mis ojos, por eso retiro mis palabras y te hago penitencia."*[44] La anterior es una declaración de Job, un siervo de Dios, quien pasó por una serie de problemas grandes, perdió la mujer, los hijos, las vacas, la caballería y todo lo que tenía, y dice la escritura en el primer capítulo del libro de Job, que Satanás llegó enfrente del trono y pidió permiso para tocar a Job, y Dios le dijo, *"¿Te has fijado en mi siervo Job? No hay*

44 Job 42:3

*nadie en la tierra como él, que me sirva tan fielmente y viva una vida tan recta y sin tacha, cuidando de no hacer mal a nadie"*[45] Esto pensaba el mismo Dios acerca de Job; sin embargo, Job tuvo que padecer todas esas dificultades para finalmente llegar a declarar lo que leíamos en el capítulo 42 versículo 3: *"Yo te conocía sólo de oídas, pero ahora te han visto mis ojos."* Tenemos que prestar particular atención al hecho de que Job era un hombre bueno y sin tacha, el mismo Dios lo dice de él, pero aún así, no conocía verdaderamente a Dios.

Así pues, tenemos que ver que las dificultades en nuestra vida siempre tienen un sentido. Recuerde al Apóstol San Pablo: *"Sabemos que Dios dispone todas las cosas para el bien de quienes lo aman, y a los cuales él ha llamado de acuerdo con su propósito."*[46] Mientras más tercos seamos, más nos va a doler el recorrido hacia el Señor. Será dura la odisea, pero hay un propósito y el propósito es para bien. Así que cuando esté en dificultad diga: Gloria a Dios, yo sé que me estás cambiando Señor y esto que me está pasando al final será para bien.

Ahora, a veces tenemos esa idea de no perdonar a Dios. En una ocasión fui a un funeral, había muerto un joven y vi a la mamá y a su papá destrozados; y como sucede en muchos de estos casos... ¿a quién le echan la culpa? A Dios, y Dios no tiene nada que ver con el asunto. A veces con las enfermedades... ¿a quién le echamos la culpa? A Dios, si él me amara no permitiera esto; o en el caso de sufrimientos de seres queridos, llega uno a echarle la culpa a Dios. Otras veces, hacemos oraciones y no son contestadas, le pedimos, y le pedimos a Dios y no hay respuesta, entonces comenzamos a pelear con el Señor

---

45  Job 1:8
46  Romanos 8:28

y le echamos la culpa a Él. Olvidamos que el Señor no nos dará algo que no nos conviene, y que Dios tiene un tiempo, un proceso y hay que acatar ese proceso. Eso hemos de entender, cómo perdonar a Dios.

**Segundo momento del perdón:** Perdonar al prójimo. Encontramos repetidas veces en las Sagradas Escrituras y sobre todo en el Evangelio -hablando de este asunto- tanto del perdón así como del amor mismo, el camino que nos lleva a entender que ambas experiencias son la esencia misma del cristianismo. *"Hombre que a hombre guarda odio, cómo puede esperar de Dios la curación."*[47] En el lugar de la palabra odio se puede poner resentimiento. Pues, si usted tiene un resentimiento con alguien, no espere que Dios lo sane; entonces, si usted quiere sanación interna ¿Qué es lo que hay que hacer? Perdonar. Dejar de estar resentido(a).

*"No digas voy a devolver el mal, tú confía en Dios, Él te salvará."*[48] Nos repite San Pablo en la carta a los Romanos: *"Queridos hermanos, no tomen venganza ustedes mismos, sino dejen que Dios sea quien castigue; porque la escritura dice: 'A mí me corresponde hacer justicia; yo pagaré, dice el Señor.' Y también: 'Si tu enemigo tiene hambre, dale de comer; y si tiene sed, dale de beber; así harás que le arda la cara de vergüenza.' No te dejes vencer por el mal. Al contrario, vence con el bien, el mal."*[49] He aquí en estos tres versículos se encuentra todo claramente explicado, ¿cómo vamos a vencer el mal? haciendo el bien. Si alguien no le saluda, ¿qué es lo que usted tiene que hacer? saludarlo. A un hermano le dije: ¡abrace a su mamá!, me respondió: ¡es que no se deja! ¡Abrácela, agárrela y apriete a la señora,

47 Eclesiástico 28:3
48 Proverbios 20:22
49 Romanos 12:19-21

va a ver lo mucho que logra un abrazo! Pero si usted reacciona con el mal, entonces el mal se expande y se hace una gran guerra. La manera de vencer el mal es hacer el bien. Hágale el bien a esa persona que lo tortura hermano, entonces se va a creer. ¡Qué importa lo que el o ella piense!, ¡usted haga el bien!, porque quien va a ser feliz es usted. Le estoy hablando a usted que está leyendo este libro, no al que le está haciendo daño. Hágale el bien, dígale: Dios le bendiga, Cristo le ama, estoy orando por usted; haga salir de su boca palabras de bien.

Esta es una de mis citas bíblicas favoritas: "*Por eso les digo que todo lo que ustedes pidan en oración, crean que ya lo han conseguido, y lo recibirán. Y cuando estén orando, perdonen lo que tengan contra otro, para que también su Padre que está en el cielo les perdone a ustedes sus pecados.*"[50] Fíjense qué interesante, esta es una oración de fe. Todo cuanto pidan si creen que ya lo han recibido lo obtendrán, entonces es una oración de fe, porque fe es en presente. ¿De dónde viene la fe, del hombre o de Dios? De Dios. Y ¿Dios vive en pasado, presente o futuro? En presente. Por lo tanto, si la fe viene de Dios, la fe, también está en presente. Yo me declaro sano. ¿Cuándo? **¡Hoy!**, pero... ¿y la manifestación de la sanación? La escritura dice: crean que ya lo han recibido y lo obtendrán, es decir, se va a manifestar; pero ¿somos sanos... cuándo? ¡hoy! Mire lo que dice: **crean que ya lo han recibido**, por lo tanto, cuando usted ora por sanidad, diga: gracias Señor por haberme sanado; la manifestación puede ser al siguiente día, o uno, dos, tres, cuatro días después, lo que sea, eso es asunto de Dios; en ese lapso de tiempo Dios hará su parte, usted hará la suya,

50  Marcos 11:24-25

tener fe. Aquí es cuando Satanás viene y nos ataca, nos quiere quitar la fe, pero usted se mantiene diciendo: no, no, yo soy sano. Entonces, aunque vengan síntomas, aunque el panorama se deteriore un poco, usted sigue confesando que es sano y va a ver la manifestación. Ese lapso de tiempo es crucial.

Hace algún tiempo venía una hermana al grupo de oración, y esta hermana tenía un problema en el hígado, yo le oraba y siempre le decía: ¡Gracias a Dios! ¡El Señor te ha sanado!, y ella contestaba: ¡Ah, ojalá! ¿Sabe qué sucedió? que esta hermana se murió por el problema del hígado. No tenía fe, ella no sabía que la fe se vive en presente, no es futuro. La manifestación viene después porque es producto de la convicción de su fe en el presente que usted ora. Para orar con fe, para recibir de Dios, tenemos que hacer algo antes -para muchos la oración es sinónimo de pedir, por eso siempre están ante Dios con el "dame, dame, dame Señor"- recuerde que. antes de pedir hay que perdonar. Si tiene algo en contra de alguien, si usted está resentido(a), por más que ore, no va a recibir la bendición de Dios. A veces dicen: Es que la persona no cambia hermano Milton... ¡Usted perdone hija!

Ahora bien, el perdón es un proceso. Se comienza diciendo yo quiero perdonar; no es que puedo perdonar; no es que quiero perdonar; Señor, ayúdame a perdonar. Una vez que usted entra en ese proceso, puede hacer la oración de fe.

*"Perdónanos el mal que hemos hecho, así como nosotros hemos perdonado a los que nos han hecho mal."*[51]

---

51 Mateo 6:12

**69**

En este pasaje es importante subrayar la palabra **COMO**. Este pasaje bíblico nos enseña que si yo perdono poquito, Dios me va a perdonar poquito. ¡Mire la hermosura! Entonces ¿de quién depende que recibamos el perdón de Dios? de nosotros mismos. ¡Ah! Mire lo que hace el Señor, deja en nuestras manos la solución del problema, y dice: *¡Decide!* Usted quiere sanarse, entonces tiene que perdonar, eso es una ley de Dios; usted no va a ser sano interiormente si no perdona. Si queremos que Dios nos escuche, hay que perdonar y si queremos que Dios nos perdone, nosotros también tenemos que perdonar, no es opcional, esto es una obligación, si queremos vivir una vida buena.

Recuerde también lo que nos enseña la Palabra de Dios sobre el perdón: *"Así que, si al llevar tu ofrenda al altar te acuerdas de que tu hermano tiene algo contra ti, deja tu ofrenda allí mismo delante del altar y ve primero a ponerte en paz con tu hermano. Entonces podrás volver al altar y presentar tu ofrenda."*[52] Pedro como siempre buscando saber más, cuestiona a Jesús: *"Entonces Pedro fue y preguntó a Jesús: Señor, ¿cuántas veces deberé perdonar a mi hermano, si me hace algo malo? ¿Hasta siete? Jesús le contestó: No te digo hasta siete veces, sino hasta setenta veces siete."*[53] Jesús nos enseña en este pasaje que nosotros debemos de perdonar **SIEMPRE**.

Es importante que usted comprenda que perdonar no es someterse a los maltratos. Un sacerdote decía: "si a una mujer le pegan una vez está bien, pero si le pegan dos veces se lo merece por haberse quedado con ese bandido". El hecho de que perdonemos no significa que nos vamos a someter al maltrato de otro, no, no, no… Haga

52  Mateo 5:23,24
53  Mateo 18:21,22

usted esa diferencia. Y si hay una persona que tiene algo en su contra, déjela quieta, pero no hay que someterse.

A las mujeres les gusta esto, ustedes han de entender que no tienen que someterse, ni el hombre tampoco, pero *sí hay que perdonar porque nos conviene, porque el que no perdona es el gran perdedor.*

Una vez que hemos establecido este principio y hemos establecido la experiencia del perdón con el prójimo y hacia el prójimo, podemos continuar. Recordemos ahora la terrible consecuencia del siervo que no quiso perdonar a su prójimo. *"Por esto, sucede con el reino de los cielos como con un rey que quiso hacer cuentas con sus funcionarios. Estaba comenzando a hacerlas cuando le presentaron a uno que le debía muchos millones. Como aquel funcionario no tenía con qué pagar, el rey ordenó que lo vendieran como esclavo, junto con su esposa, sus hijos y todo lo que tenía, para que quedara pagada la deuda. El funcionario se arrodilló delante del rey, y le rogó: 'tenga usted paciencia conmigo y se lo pagaré todo.' Y el rey tuvo compasión de él; así que le perdonó la deuda y lo puso en libertad.*

*Pero al salir, aquel funcionario se encontró con un compañero suyo que le debía una pequeña cantidad. Lo agarró del cuello y comenzó a estrangularlo, diciéndole: '¡Págame lo que me debes!' el compañero, arrodillándose delante de él, le rogó: 'Ten paciencia conmigo y te lo pagaré todo.' Pero el otro no quiso, sino que lo hizo meter en la cárcel hasta que le pagara la deuda. Esto dolió mucho a los otros funcionarios, que fueron a contarle al rey todo lo sucedido. Entonces el rey lo mandó llamar, y le dijo: '¡Malvado! Yo te perdoné toda aquella deuda porque me lo rogaste. Pues tú también debiste* tener compasión de tu compañero, del mismo modo que yo tuve compasión de tí.' Y tanto se enojó el rey, que ordenó castigarlo hasta que pagara todo lo que debía."

Jesús añadió:

"Así hará también con ustedes mi Padre celestial, si cada uno de ustedes no perdona de corazón a su hermano."[54] La mejor sugerencia es perdonar y recibirá perdón. En ese sentido, San Juan nos enseña en su primera carta: "Si alguno dice: 'Yo amo a Dios', y al mismo tiempo odia a su hermano, es un mentiroso. Pues si uno no ama a su hermano, a quien ve, tampoco puede amar a Dios, a quien no ve."[55] Si usted está criticando constantemente a su vecino, a su hermano, pues obviamente no lo ama. Y ante eso, parafraseando al Apóstol San Juan, ¿cómo va a amar a Dios quien no lo ve? En definitiva, es usted un mentiroso. Por tanto, debemos tener mucho cuidado con lo que decimos del prójimo, y cómo actuamos con el prójimo.

**Tercer momento del perdón:** Perdonarse a sí mismo. Así como amar es difícil si no se ama a sí mismo, así también pasa con perdonar. Si no nos perdonamos a nosotros mismos, no podremos perdonar. Por lo que considero necesario que ahora veamos unas normas prácticas para perdonar.

La ley de Dios dice, que tenemos que amar a Dios, amar al prójimo y amarnos a nosotros mismos. "Jesús le dijo: 'Ama al Señor tu Dios con todo tu corazón, con toda tu alma y con toda tu mente.' Este es el más importante y el primero de los mandamientos. Pero hay un segundo, parecido a este; dice: 'Ama a tu prójimo como a ti

---

54 Mateo 18:23-35
55 1 Juan 4:20

*mismo.'En estos dos mandamientos se basan la ley y los profetas."*[56] Para Jesús el concepto de amor es fundamental en relación con hacer el bien. Es decir, la palabra amor se define como hacer el bien. De suyo, cuando Jesús responde al maestro de la ley que, para probarlo, le preguntó, ¿qué hay que hacer para llegar a la vida eterna?, Jesús le responde, ¿qué dice la ley? Y él responde diciendo "Amarás al Señor tu Dios con todo tu corazón, con toda tu alma y con toda tu mente; y amarás a tu prójimo como a ti mismo." Jesús le dijo: "¡Excelente respuesta! Haz eso y vivirás." Su objetivo era claro, pero el de Jesús era más claro aún, mostrarnos la relación entre el amor a Dios, al prójimo, y a nosotros mismos. Por eso cuando le pregunta a Jesús ¿quién es el prójimo?, en ese momento Jesús deja establecida la relación entre el amor y el bien, y la forma en que hay que manifestar el amor, cuando le habla del Buen Samaritano (Lc. 10:25-37). El maestro de la ley no quería quedar en evidencia, no podía preguntar a Jesús ¿quién es el Señor? porque quedaría al descubierto su no relación con Dios; ni preguntar ¿quién es él? porque no podría estar entre los maestros de la ley si no se conocía a sí mismo. No se imaginaba la sagacidad de Jesús que dejó ver que el amarse a sí mismo, presupone el amor al otro; y el amor al otro, presupone el amarse a sí mismo y ambos amores nos permiten amar a Dios. Ahora bien, queda claro que si me amo a mí mismo, debo hacerme el bien a mí mismo, amarme. Dígase en este momento, **debo amarme a mí mismo**. Mi esposa aprendió algo muy bueno; ahora se compra flores y no espera que "el bandido" del esposo se las compre. Se está amando a ella misma, está aprendiendo autoestima.

Demos un paso más. Vamos a perdonarnos a nosotros mismos.

56 Mateo 22:37-40

**a. Declara a todos inocentes:** Ese es el primer paso, son inocentes. Mira a Jesús en la cruz: *"Padre, perdónales porque no saben lo que hacen."*[57] Jesús nos da la clave desde la cruz, perdónales porque no saben lo que hacen y San Pablo nos enseña que nosotros -de saber lo que hacíamos- no hubiéramos crucificado a nuestro Señor. Se trata de una sabiduría escondida de todos los príncipes de este mundo[58]; pues de haberla conocido no hubieran crucificado al Señor de la gloria. ¿Sabían los Romanos que estaban crucificando al hijo de Dios? No. ¿Sabía Judas que realmente estaba entregando al hijo de Dios? No. Y esto lo ratifica Jesús, cuando dice: *"Padre, perdónales porque no saben lo que hacen."* Una vez más se pone de manifiesto el amor que hace surgir la compasión y la Misericordia. Es decir, Jesús vio primero la inocencia y no el acto. En un sentido más amplio, miró primero a la persona. Él no se fija en su pecado, se fija en usted, y quiere liberarle de la debilidad, del sufrimiento y del dolor.

Si nosotros no podemos resistir un dolor de muela, que es causado por la afección de un nervio, imagínese el dolor que soportó Jesús con los azotes, las espinas en su cabeza, los golpes en su rostro, los clavos en pies y manos, la herida en su costado. Y todo eso lo padeció Jesús por usted y por mí, y fue capaz, desde ese sufrimiento, de pedirle al Padre perdón para sus verdugos. ¡Qué amor!

Ahora bien, también aquí hay otra teoría que debe ser considerada. Jesús fue traicionado. Pedro y Judas, y los otros discípulos lo abandonaron.

---

57  Lucas 23:34
58  1 Corintios 1:17-21

------------------------------------------------- Milton López

Jesús era hombre, es decir, una persona humana, con capacidad de sentir y resentir, de amar y perdonar. Él hizo una mejor elección cuando Él dijo: *"Padre, perdónales porque no saben lo que hacen."* Se sanó, no permitió que el resentimiento y el odio entraran en él. Jesús resucitó porque estaba limpio, puro, sano. La muerte vino a buscar en Él resentimiento y no lo encontró. Venció a la muerte, venció a Satanás, el dueño de las tinieblas. Ese es el arma número uno de Satanás. Buscó en Jesús mentira, y no la encontró; buscó malicia, y no la encontró, buscó falsedad, y no la encontró; entonces la muerte tuvo que soltarlo, y fue el primer hombre que resucitó y subió al cielo. Podemos entender, entonces, que el amor y el perdón van de la mano. Por tanto, para perdonar, hay que amar y al amar, hay que declarar a todos inocentes, aunque sean culpables o aunque les veamos culpables. Esto nos conviene a nosotros.

b. **Creer no tener adversarios,** olvidarnos de tener una persona oponente a nosotros: Aquí no tenemos lecturas bíblicas como en la primera norma, pero no deja de ser una verdad. Decir: yo no tengo enemigos; porque la verdad es que el que me ataca, ataca a Jesús, porque mi vida yo se la he entregado a Él. Entonces ahí se puede aplicar lo que dice Dios en su Palabra: "Mía es la venganza," como diciéndole, déjame a mí, no te metas.

Usted camine en amor y perdón; recuerde que no tiene adversarios puesto que, quien está contra usted está también en contra de Jesús, y en contra de Él todos van a perder.

**c. Debe aceptar a no ser aceptado:** No siempre va usted a gozar de la aceptación y aprobación de todas las personas. ¿Alguna vez se ha sentido no aceptado? Aunque no es lo propio, es común encontrar personas que no nos aceptan o que no se sienten en comunión con nosotros y nosotros con ellas. Por tanto hay que aceptar no ser aceptado. ¿Qué puede hacer usted al respecto? Para algunas culturas esto se resuelve con expresiones como: "No soy monedita de oro para caerle bien a todo el mundo."

Una de las cosas que hieren y es causa de grandes odios, resentimientos y disgustos, es el rechazo o la indiferencia. Todos hemos sido victimas del rechazo o afectados -en algún momento de nuestra vida- por la no aceptación. Ante esto es bueno poder mantener en la mente el recuerdo de que **Dios sí le acepta**. Él le acepta tal como usted es. Hagamos un pequeño ejercicio, dígase en este momento: **¡Dios me acepta como soy!** Esa frase hay que repetirla. Tal vez hay personas, amigos, amigas, familiares, compañeros de trabajo o de servicio, alguien en el ambiente en que usted se mueve que no le acepta, pero no olvide que Dios sí le acepta, usted es único e irrepetible. Dígaselo: **"Yo soy único(a), no hay otra persona igual, soy único(a)."**

**Pasos para el perdón:**

**a. Reconocer cuando me equivoco.** Sí, esto no es fácil pero es necesario. Nos cuesta decir, me equivoqué. Pero recuerde, si usted dice me equivoqué, le quita todas las armas al que lo está atacando.

Me equivoqué porque soy humano, cometo errores y estoy dispuesto a no volverlo a hacer. No se trata de justificar los errores, sino de reconocerlos. Darse cuenta de lo que no hemos hecho bien, expresarlo y luego ser capaz de decirlo. Si se siente acusado o perseguido por sus errores, puede detener al acusador si le hace saber que cometió un error. Dése cuenta que no digo que usted debe decir si quería o no hacerlo, es sencillo, simplemente reconocer que se equivocó. Es decir, que no hizo lo que se esperaba de usted, o lo que usted pensó que podía o debía hacer. **Reconozca el error.**

En Guayaquil, durante un taller de autoestima que estaba impartiendo, hice que las personas repitieran varias veces esta frase: No hay grupo de oración perfecto, no hay matrimonio perfecto, no hay hermanos en Cristo perfectos, porque donde está el humano siempre hay imperfección. A los asistentes les gustó hacer este ejercicio pues fue una experiencia reveladora y a la vez liberadora. Es cierto que lo humano es imperfecto, pero el amor lo puede perfeccionar. Pregúntese ¿por qué tiene problemas? Es porque usted es imperfecto, y es imperfecto porque es humano. Ahora, el problema radica en que no reconocemos nuestra equivocación, diga conmigo: *Ayúdame Dios a reconocer cuando me equivoco.*

Es difícil reconocer que hemos actuado mal, pero si deseamos participar de un encuentro total con el que sana y recibir de Él la sanación, debemos reconocer en qué y dónde hemos fallado, y para reconocer nuestros errores debemos llenarnos de **humildad.**

77

Una señal de que hemos aceptado al Señor, es la humildad y ésta es necesaria para alcanzar la sanación. Humildad viene de la raíz latina *humus*, y humus es la parte de la tierra que tiene mucho fruto; por tanto, una persona humilde es una persona que da muchos frutos, frutos en el Espíritu Santo. Podemos encontrar la lista de los frutos del Espíritu Santo en la Escritura en Gálatas 5:22. La humildad es una acción concreta de entre las acciones concretas que ponen de manifiesto los frutos del Espíritu Santo en nuestras vidas. Es muy importante aclarar que, **humildad nada tiene que ver con el dinero**, como erróneamente pensamos al confundir humildad con pobreza; recuerde que hay ricos muy humildes y hay pobres muy orgullosos. **Humildad no es la posición del cuerpo**; una persona cabizbaja, con el cuerpo doblado y sus manos juntas cuando va a recibir la comunión, no necesariamente es una persona humilde. La humildad es una forma de vida, la persona verdaderamente humilde se caracteriza porque **Adora a Dios** todos los días.

Adorar a Dios es reconocer la necesidad que yo tengo de Él en mi vida. Adorar a Dios es reconocer que Él es el Creador y yo soy su creatura; Él es poderoso y yo soy débil; Él es grande y yo soy pequeño; Él es luz y yo soy oscuridad; Él es infinito y yo soy finito; Él es inmortal y yo soy mortal; Él es pastor y yo soy oveja; Él es rey y yo soy su siervo; Él es Padre y yo soy su hijo. **Adorar a Dios es reconocer que sin Dios, yo soy pecado y nada**. El catecismo de la Iglesia Católica dice sobre la adoración: "*Adorar a Dios es reconocer, con respeto y sumisión absolutos, la 'nada de la creatura', que sólo existe por Dios. Adorar a Dios es alabarlo,*

*exaltarle y humillarse a sí mismo, como hace
María en el Magnificat, confesando con gratitud
que Él ha hecho grandes cosas y que su nombre
es santo. La adoración del Dios único libera al
hombre del repliegue sobre sí mismo, de la esclavitud del pecado y de la idolatría del mundo.*"[59]

En este sentido, podemos destacar tres factores
maravillosos que obtenemos por la adoración:

- Nos libera del orgullo, la vanidad y la soberbia.
- Nos libera de la esclavitud del pecado.
- Nos libera de la idolatría del mundo.

Recuerde que para perdonar es necesario ser
humilde; sólo una persona humilde puede reconocer que se equivocó y aceptar que los demás también se pueden equivocar.

Además de la humildad, es necesaria la honradez,
pues he de reconocer que he actuado mal, debo
ser honesto conmigo mismo. Sabe usted que el
alcohólico no se sana porque niega que es alcohólico, él dice que lo tiene todo bajo control, que es
capaz de hacer las cosas y que él decide cuando
deja el alcohol. No es honesto consigo mismo y por
tanto, no puede sanar, ya que no ha reconocido su
parte de culpa.

Si hemos llegado a este punto, vamos por buen
camino, y eso significa que voy a comenzar a perdonarme a mí mismo. Pero, mientras yo siga enga-
ñándome o pretenda que me engaño, no podré
perdonarme a mí mismo. Por ejemplo, si usted
tiene su temperamento fuerte, reconózcalo primero, tengo temperamento fuerte, soy colérico(a).

Recuerde siempre estos dos aspectos importantes y esenciales del perdón, *la humildad, y la honradez.*

b. **Quiero perdonar:** comencemos por recordar que el perdón es una decisión, más que un deseo que parte de un sentimiento. Yo decido perdonar aunque no lo siento, pues no es cuestión de sentir, va mucho mas allá, es cuestión de decidir. Yo soy quien decide perdonar; primero, porque a mí me conviene, y esto no es ser egoísta, es la norma del amor. No puedo amar al otro si no me amo a mí mismo. Y como me conviene perdono.

En este sentido, la pregunta no es ¿puedo perdonar?, sino ¿quiero perdonar? Porque el perdón, una vez más, no es un sentimiento. El perdón es una decisión. Me gusta citar el siguiente ejemplo ya que ilustra claramente la idea anterior. Una vez encontré llorando a una señora en una parroquia, me acerqué y le pregunté: ¿qué le pasa hermana? Me respondió que cuando ella va al frente del Santísimo, le pide perdón a Dios, y entonces se le paran los pelos de los brazos y se siente perdonada. Para esta hermana el perdón era un sentimiento, por eso ocupaba la expresión "me siento perdonada." Continuó diciendo, hoy fui al Santísimo, le pedí perdón a Dios y no se me pararon los pelos de los brazos, creo que el Señor no me perdonó. Le dije, señora usted no ha entendido que el perdón es una decisión, que no es un sentimiento y por eso está sufriendo. En esta experiencia, el punto no es que usted se sienta perdonada, sino que entienda y acepte que usted ya ha sido perdonada por Dios. Todo pecado confesado es pecado perdonado y olvidado. La misericordia de Dios sobrepasa nuestra inteligencia pero insistió la señora: "¡Hay, es que usted no sabe lo que hice!" Ni me interesa señora, le respondí, Dios ya ha decidido perdonarle. Quedarse con la mirada puesta en el pecado es perder el tiempo, dirija su mirada a la Misericordia y el amor de Dios. Esa es la intención, el propósito de este libro, acercarle a la experiencia del amor de Dios.

c. **El perdón al otro:** Aquí hay que pensar en la otra persona. Esta es una etapa muy importante del proceso y también una de las más difíciles de llevar acabo, puesto que, siempre tendemos a culpar al otro y a recordarle su pecado, y en lugar de ayudarle le juzgamos: "¿Por qué no pensó en mí primero?" Debemos recordar nuevamente la idea y la importancia de la humildad. De nuevo, hay que ser humilde, dando su brazo a torcer y dejando así nuestro orgullo, que en algunas ocasiones nos pone de espaldas a Dios. Piense que esa persona es tan débil como usted, piense cuántas heridas llevará por dentro, cuánto sufrirá, qué traumas tiene, todo esto le ayudará a usted en este tercer paso del perdón.

**Ideas acerca del perdón:**

A continuación le doy una lista de ideas acerca de lo que no es el perdón, y lo que es verdaderamente. Esto le ayudará a clarificar su entendimiento acerca de este aspecto importantísimo para nuestra sanación interna.

a. **Perdonar no es olvidar:** Perdonar es recordar con paz, con amor y sin rabia.

b. **Perdonar no es aceptar maltratos:** No es permitir que otra persona siga cometiendo abusos y atropellos. El perdón afianza nuestra autoestima.

c. **Perdonar no es reprimir o negar el dolor y la rabia:** Jamás lograremos algo bueno si acudimos a mecanismos de defensa como la negación, la represión y postergación.

d. **Perdonar no es continuar con relaciones disfuncionales:** Perdonar no es hacer el papel de tontos, aceptando permanecer en relaciones donde reina el maltrato en cualquiera de sus formas.

e. **Perdonar no es seguir actuando como víctimas:** Es emocionalmente nocivo identificar el perdón con la actitud enfermiza de aquel que tiene diploma de mártir.

f. **Perdonar no es permanecer pasivos ante la injusticia.**

g. **Perdonar no es actuar con soberbia:** Usando expresiones como: "Está bien, tráiganme a ese canalla y lo perdono."

h. **Perdonar no es necesariamente comunicarse con el agresor:** Recuerde que perdonar es una decisión personal que le libera a usted; no necesariamente debe comunicarse con el agresor para perdonarlo.

i. **Perdonar no es actuar con debilidad:** El perdonar no le hace una persona débil, pero sí le hace una persona libre y feliz.

j.  El perdón es una decisión: Elegimos ver a la otra persona como un ser que, aunque falle y actúe equivocadamente, tiene dignidad y necesita amor y respeto.

k.  El perdón es un regalo, no exige reciprocidad: Al igual que el amar, el perdonar se debe realizar sin esperar nada a cambio.

l.  El perdón es una experiencia difícil: Nos cuesta trabajo perdonarnos y perdonar a otros por muchos motivos distintos, no todos perdonamos a la misma velocidad. El carácter y la formación hacen que para algunos el perdonar sea una experiencia más difícil que para otros.

m.  El perdón es un proceso: Y como todo proceso lleva tiempo para desarrollarse.

n.  El perdón es una actitud: Es un buen hábito adquirido con la práctica y que nos permite tomar control de nuestras emociones, en lugar de que ellas nos controlen a nosotros.

o.  El perdón es un estilo de vida: Nos lleva a rechazar el mal sin rechazar a los que lo hacen.

*El perdón es la decisión de darle libertad a una persona, hecho o acontecimiento dentro de mi corazón.*

## Ejercicio para ejercitar nuestra capacidad para perdonar:

1.  Haga una lista con los nombres de todas las personas que le han hecho algún daño en su vida. Escríbalos y ore por cada una de esas personas pidiendo bendición para ellas.

2. Haga una lista con los nombres de todas las personas a quienes usted les ha causado algún daño. Escríbalos y ore por bendición para cada una de esas personas.

3. Pídale ayuda a Dios para poder ver a las personas que le han hecho daño, como instrumentos de sanación.

**Nota:** Le recomiendo que de ser posible lleve esas listas y haga su oración en frente del Santísimo.

# CAPÍTULO 6

## LA SANACIÓN DE LA DEPRESIÓN

En la vida existen momentos en los que el ser humano puede llegar a experimentar lo que hoy en día se conoce como depresión, y puede suceder que durante el transcurso del día una persona pueda experimentar momentos depresivos. Considerando estos factores, es necesario entonces que conozcamos acerca de la depresión, no sólo desde el punto de vista psicológico y físico, sino también desde el punto de vista espiritual.

Iniciemos nuestro estudio con esta reflexión: "*Solamente los amados pueden amar.*" Si usted no se reconoce y no se declara, si usted y yo no vivimos como LOS AMADOS DE DIOS, no podemos amar. Las personas que se reconocen y se declaran como los amados de Dios, no pueden dejar de amar. Los libres son los que liberan; los que sufren hacen sufrir a los demás porque eso es lo que uno irradia, lo que uno da. Los fracasados necesitan molestar y lanzar sus dardos contra los que triunfan; los resentidos inundan su alrededor con resentimientos; los que siembran conflictos es porque no han aprendido a aceptarse a sí mismos, es más tienen conflictos profundos con ellos mismos olvidando que todos nosotros HEMOS SIDO CREADOS PARA SER FELICES.

## ¿Qué es la depresión?

Como ya lo he mencionado, en esta lectura vamos a llevar acabo el estudio de la depresión desde una dimensión diferente y profunda; me refiero a la dimensión del espíritu, y abriendo nuestro ser a la acción del Espíritu Santo caminaremos juntos en el proceso de sanación de este mal que abate a tantas personas. Desde esta instancia, la depresión es un dolor en el alma que abate nuestro espíritu.

La depresión es un mal que ataca a todos y no discrimina, ataca tanto al sabio como al ignorante, al rico como al pobre, al ungido como al que no tiene unción, al cristiano como al no cristiano, pero sobre todo, ataca a las mujeres, y con mayor frecuencia y fuerza que a los hombres. Es muy importante pues, reconocer que la depresión es una batalla **espiritual, emocional y física.**

## ¿Cómo reconocer si estoy en depresión?

La depresión como cualquier otro padecimiento se manifiesta en nuestro ser a través de una serie de síntomas tanto físicos como emocionales. Vamos entonces a estudiar algunos de los síntomas físicos que manifiesta una persona en depresión para que podamos realizar una evaluación personal y darnos cuenta si estamos o no en depresión.

## Síntomas físicos de una persona en depresión:

A. Padece de mucha fatiga, cansancio, pérdida de energía, quiere dormir mucho o no tiene ganas de hacer nada.

B. Tiene problemas al dormir, padece de insomnio. Pero no sólo a nosotros nos puede suceder esto. En el Salmo 77, el rey David, el ungido de Dios, escribe:

*"¡Me acuerdo de Dios y lloro;*
*Me pongo a pensar, y me desanimo.*
*Tú, Señor, no me dejas pegar los ojos;*
*estoy tan aturdido, que no puedo hablar!"*[60]

En estos versículos el rey David está poniendo de manifiesto que está sufriendo de insomnio, ¡Él, que es el rey, el ungido de Dios! Es maravilloso ver cómo en la misma Palabra de Dios nosotros también podemos identificar nuestra propia humanidad.

C. Poca participación en actividades importantes, falta de interés en la vida y de propósito de seguir adelante, esto se llama desánimo. Y una persona desanimada encuentra muy difícil orar, porque piensa que Dios está lejano. En esos momentos hermanos, es muy importante recordar lo que dice el Catecismo de la Iglesia Católica: *"Se ora como se vive, porque se vive como se ora."*[61]

D. Falta de deseo sexual. Una persona en depresión tiene deseo de estar solo(a).

E. Le duele todo. Es frecuente que de una persona en depresión escuchemos la expresión "a mí me duele todo." A esta persona le duelen tantas cosas que no sabe ni lo que le duele. Nuevamente el rey David nos ayuda a ver esta parte de nuestra humanidad en el Salmo 38.

60 Salmos 77:4,5
61 C.I.C # 2725

*"¡Todo el día ando triste,*
*cabizbajo y deprimido.*
*La espalda me arde de fiebre;*
*Tengo enfermo todo el cuerpo!"*[62]

F.  Pérdida de apetito. Algunas personas en depresión experimentan una pérdida considerable de apetito; sin embargo, 20% de las personas en depresión experimentan aumento en su deseo por comer.

Los anteriores son los síntomas físicos que experimenta una persona en depresión; a continuación vamos a estudiar los síntomas emocionales.

## Síntomas emocionales de una persona en depresión:

A.  **Tristeza.** La tristeza es una idea que no existe; en realidad es un término que el ser humano utiliza para describir la ausencia del gozo, el cual es, un fruto del Espíritu Santo. Por eso la señal de toda persona que está llena del Espíritu Santo es que tiene gozo. aunque tenga problemas. El ángel Gabriel saludó a María y le dijo ¡Alégrate!, saludo directo de Dios. No era que la Vírgen María estuviese triste, sino que nosotros siempre necesitamos la alegría de Dios. Por ejemplo, cuando usted se reúne en el grupo o asiste a la Celebración Eucarística el Domingo, es probable que usted llegue con una cara seria y que llegue cargado(a) por el trajinar de la semana; sin embargo, cuando sale, va restablecido(a), con una cara alegre y saluda y sonríe porque ha recibido una inyección de alegría y esa alegría se la ha enviado Dios y es un gozo espiritual. A diferencia de cuando usted va a ver una película, o va a un baile, o a un evento depor-

62  Salmos 38:7,8

tivo, le gusta y se emociona pero no sale con la misma alegría; y ésta es imposible porque la alegría de Dios es única.

Todo el gozo de Dios está en su espíritu, confiese con su boca que tiene gozo, aunque no lo sienta, recuerde que cuando usted dice algo, eso es lo que piensa en ese instante y no puede pensar otra cosa; por lo tanto, si confiesa con su boca que tiene gozo, va a pensar que tiene gozo aunque no lo sienta. De esta forma, empezará a llenar su mente de la verdad última que es la Palabra de Dios. Y por último, la alegría hay que transmitirla, por eso cuando le pregunten hermano(a) ¿cómo estás? Ya no responda: "regular, en la lucha, o más o menos"; responda, *amado y bendecido por Dios.*

B. **Desesperación.** Desesperación quiere decir ausencia de esperanza. La esperanza nuestra es la vida eterna.

> *"No se angustien ustedes. Crean en Dios y crean también en mí. En la casa de mi Padre hay muchos lugares donde vivir; si no fuera así, yo no les hubiera dicho que voy a prepararles un lugar. Y después de irme y de prepararles un lugar, vendré otra vez para llevarlos conmigo, para que ustedes estén en el mismo lugar en donde yo voy a estar.*"[63]

Nuestra gran esperanza es que un día voy a estar en frente de Cristo y pienso vivir eternamente con Él. Así pues, de ahora en adelante, cada vez que vayas a tomar una decisión en tu vida, pregúntate: **¿Qué tiene que ver esto con mi vida eterna?**; no

63 Juan 14:1-3

planifiques para tu retiro o para tu jubilación; planea para tu eternidad, donde vas a vivir eternamente.

C. **Irritabilidad.** Es decir, una persona con mínima tolerancia. Cuando uno se enoja por cualquier cosa, ¡cuidado! Es una señal de depresión. Una persona con depresión se fastidia por cosas insignificantes diciendo: mira cómo me miró, ¿escuchaste cómo me saludó? esta clase de expresiones son señales de depresión, ya que una persona contenta, no le importan cómo la miran o cómo la saludan pues su mirada está puesta en Jesús.

D. **Vive en aislamiento.** El deseo de permanecer siempre solo o sola es una señal de depresión muy frecuente, especialmente en la juventud. Muchas veces nos aislamos y queremos cubrir nuestro dolor escondiéndonos en nuestro trabajo o en ocasiones en vicios como el alcohol o las drogas. Cálmese, relájese, respire profundo llene de oxígeno el cerebro y el corazón. Evite pensamientos negativos como: nada me sale bien, soy un fracaso; y esto para evitar llegar a pensamientos más peligrosos como son los pensamientos de suicidio.

Es muy importante recordar que no son las circunstancias de la vida las que determinan cómo nos sentimos; esto lo determina principalmente cómo interpretamos los acontecimientos de la vida. Existe una relación entre los estímulos externos y la reacción emocional, entonces, quien recibe los estímulos, es decir, las circunstancias, los problemas, y las imágenes es nuestro cerebro y nuestro cerebro es parte de nuestro cuerpo; sin embargo, quien se encarga de analizar e interpretar los estímulos que llegan al cerebro es la mente y la mente es parte de nuestra alma.

------------------------------------------------------

Desde este análisis podemos determinar que nuestra mente es la que determina lo que sentimos. La diferencia entre dos personas que son atacadas por una misma presión externa está en su mente. Por eso San Pablo escribe en su carta a los Romanos:

*"No vivan ya según los criterios del tiempo presente; al contrario, cambien su manera de pensar para que así cambie su manera de vivir y lleguen a conocer la voluntad de Dios, es decir, lo que es bueno, lo que es grato, lo que es perfecto."*[64]

Ahí es donde debemos trabajar, en la mente, es ahí donde está la batalla. La respuesta de la mente puede ser confiar en Dios y su victoria, o puede ser la de, soy víctima de las circunstancias; eso lo decide usted.

El cerebro es parte de nuestro cuerpo, y la mente es parte de nuestra alma, y es ésta última la que determina cómo nos sentimos. Por esta razón debemos trabajar y esforzarnos siempre por la renovación de nuestra mente a través del Espíritu Santo; el problema es que al desconocer esta verdad intentamos erróneamente solucionar las cosas exteriores pensando que ahí está nuestra felicidad. Recuerda, la felicidad no viene de afuera, la felicidad está dentro de ti.

64 Romanos 12:2

## PASOS PARA LOGRAR LA SANACIÓN DE LA DEPRESIÓN.

La sanación física de la depresión se puede lograr mediante el uso de sustancias químicas, específicamente de la Serotonina; ésta es una sustancia que se encuentra en nuestro cerebro y de la cual dependen mucho nuestros estados emotivos. En muchos casos, cuando el nivel de Serotonina en el cerebro baja, es cuando se presentan los estados depresivos.

Físicamente la depresión puede ser tratada por medios médicos, pero como dijimos al inicio de este estudio la depresión es una batalla espiritual, emocional y física; por tanto es indispensable que conozcamos también los pasos para sanarnos de la depresión desde el área espiritual y emocional.

### Paso #1:
### Salmo 143:3.

> "Mis enemigos me persiguen, me han aplastado contra el suelo; me obligan a vivir en la oscuridad, como los que han muerto hace tiempo."

David está en depresión, pero aquí David hace lo primero que tenemos que hacer para vencer la depresión: identificar la naturaleza y la causa del problema, aquí David está diciendo que el diablo le está causando el problema.

## Paso #2:
## Salmo 143:4

> *"Me encuentro totalmente deprimido; turbado tengo el corazón."*

El segundo paso es reconocer que la depresión roba mi vida y me quita la luz del Señor. Entonces, ¿cómo combatir esto? Una forma de hacerlo es confesar la Palabra de Dios. Si usted fue bautizado cuando niño, el Espíritu Santo mora en usted; por lo tanto usted puede declarar con toda seguridad: "Mas grande y poderoso el que vive en mí que aquel que está en el mundo" 1Juan 4:4. Y ¿quién vive en usted? El Espíritu Santo. Y ese que vive en usted tiene más poder que Satanás y todos esos espíritus depresivos; así usted puede combatir la depresión.

## Paso #3:
## Salmo 143:5

> *"Me acuerdo de tiempos anteriores, y pienso en todo lo que has hecho."*

En este pasaje David está recordando los buenos tiempos, y ésta es una manera de vencer la depresión. Todos hemos tenido tiempos buenos en nuestra vida; lo importante es recordar esos buenos momentos.

Recordar, meditar, reflexionar, todas son acciones de la mente. Lucha por evitar pensamientos tristes y negativos.

*Cambie su manera de hablar, para que cambie su manera de pensar, para que cambie su manera de sentir, para que cambie su manera de decidir, para que cambie su manera de actuar, para que cambie su manera de vivir.*

**Paso #4:**
Salmo 143:6

*"Hacia ti tiendo las manos, sediento de ti, cual tierra seca"*

Analicemos esta acción que realiza el rey David, ¿Qué significa levantar las manos? La respuesta es alabanza, cuando usted esté en depresión alabe a Dios. Es probable que usted esté pensando que en los momentos que experimenta depresión no siente ganas de orar, pero no le estoy diciendo que **tenga ganas**, sino que **alabe a Dios**. Dice la escritura en Hebreos 13:15 que la alabanza es un sacrificio al Señor, y es sacrificio cuando no tenemos ganas de alabar a Dios.

En los momentos en los que experimentamos depresión, en esos momentos difíciles, es ahí cuando debemos levantar nuestras manos en adoración. Recuerde que lo único que usted necesita en su vida es Dios. Correr tras el humano o tras las cosas nos llevan a la decepción y claro a la depresión. Tengo algo hermoso que decirte: Tú y yo no podemos impresionar a Dios, así que no trates; nosotros tampoco podemos desilusionar a Dios, no lo puedes desilusionar porque Dios es perfecto y siempre está en gozo, y por más cosas graves que haga, no lo va a desilusionar y esto nos ayuda, porque muchas veces llegamos a pensar que hemos desilusionado a Dios lo cual es imposible.

**Paso #5:**
Salmo 143:7

*"¡Señor, respóndeme pronto, pues ya se me acaba el aliento! No me niegues tu ayuda porque entonces seré como los muertos."*

Aquí David le está pidiendo ayuda a Dios. Es importante que nosotros entendamos la grandeza de la oración en nuestra vida, la importancia de la relación personal e íntima con Dios por medio de la oración. Cuando Dios creó al hombre le dijo "Te doy dominio, poder y bendición sobre toda la creación." en otras palabras, en ese momento el hombre era el rey de la tierra, el que dominaba. En el instante que el hombre pecó le cedió ese dominio, poder y bendición a Satanás, pero Jesús vino y le arrebató ese poder al diablo. Por eso nosotros estamos viviendo un tiempo de gracia en Cristo Jesús y por medio de Él tenemos de nuevo el dominio, el poder y la bendición que habíamos perdido. Para que Dios intervenga en nuestro favor tenemos que pedirle que lo haga, y esto se logra a través de la oración y eso es justamente lo que el rey David nos enseña en este pasaje. El mismo Jesús también nos lo enseñó cuando dijo: "Pide y se os dará."

**Paso #6:**
**Salmo 143:8**

*"Por la mañana hazme saber de tu amor, porque en ti he puesto mi confianza. Hazme saber cual debe ser mi conducta, porque a ti dirijo mis anhelos."*

¿Necesita escuchar a Dios? ponga atención a su dirección, en esos momentos depresivos busque la voz de Dios.

## Paso #7:
## Salmo 143:9

> *"Líbrame, Señor, de mis enemigos, porque en ti busco refugio."*

David está pidiendo liberación. En este salmo podemos ver paso a paso cómo en un proceso nos vamos a ir sanando; note que el salmista a lo largo de este salmo mantiene su mente en Dios, está volviendo a Dios constantemente.

## Paso #8:
## Salmo 143:10

> *"¡Enséñame a hacer tu voluntad, porque tú eres mi Dios. Que tu buen espíritu me lleve por un camino recto!"*

Aquí David está pidiendo sabiduría. Guíame mi Dios, dame conocimiento. Confiese que se salió de su voluntad y por eso está sufriendo.

---------------------------------------------------------

# REFLEXIÓN:

Dios que nos amó tanto y que se encarna, se hace hombre de carne y hueso, frágil y vulnerable como nosotros.

Yo creo en el Dios infinitamente misericordioso, que nos ama y perdona gratuitamente, y sin reservas como sólo Él que es amor puede hacerlo.

Yo creo en el Dios amor que nos creó a su imagen y semejanza.

Yo creo en el Dios amor que nos libera y humaniza.

Yo creo en el Dios amor que nos permite desarrollarnos en libertad.

Yo creo en el Dios amor que sólo nos reprocha amorosamente el desamor.

Yo creo en el Dios amor que nos invita a vivir en plenitud.

Yo creo en el Dios amor que nos alienta a crear una humanidad regida por el amor, la justicia, la paz y la solidaridad.

Volver a Dios que es amor, todo amor y nada más que amor, que no puede, ni hace, ni quiere hacer otra cosa que amar.

Yo creo en el Dios compañero de mi camino, que no nos saca del fuego de las pruebas, pero, que nos alienta a que lo hagamos nosotros mismos con la ayuda de nuestros hermanos(as).

**97**

Yo creo en un Dios que es a la vez padre y madre, que nos ama incondicionalmente y nunca jamás nos abandona aunque nosotros lo abandonemos.

Yo creo en un Dios que es para todos sin excepción; de todos los colores, las razas, las clases y las tribus.

Yo creo en un Dios que nos espera con los brazos abiertos, con el corazón abierto de par en par, para fundirse con nosotros en un abrazo sin fin. ¡Oh Padre! Nosotros creemos en ti que eres amor, y que todo lo que haces es amar, por eso en este momento te pedimos que derrames sobre nosotros un espíritu de amor, de paz, de tranquilidad, que alejes de nosotros a todo espíritu de depresión, de desesperanza y tristeza; sopla sobre nosotros, especialmente sobre nuestra mente, la luz del Espíritu Santo, que no quede un rincón en oscuridad. Sana nuestra mente corrupta, maliciosa, malpensada. En el Nombre de Jesús, Padre amado, que una gota de la Sangre del Cordero, purifique nuestra mente. En el Nombre de Jesús sana nuestro cerebro, que es el receptor de todas las imágenes externas. ¡Oh mi Dios! Clamamos a ti no sólo por la depresión, sino también por cualquier otra enfermedad física, y emocional que nos pueda agobiar. Amén.

# AGRADECIMIENTOS

A Dios sea la Gloria, PADRE, HIJO Y ESPÍRITU SANTO.

Gracias a mi Padre que me dio la oportunidad de nacer y me ha trasladado del reino de las tinieblas al reino de su Hijo, por la fuerza del Espíritu Santo.

A la **Rosa Mística**, esto es lo que es este libro, un regalo de La Vírgen María, gracias Madre.

A mi madre Rosa Audelia, por haber entendido que la mejor herencia que me pudo dar fue una sólida educación en formación Católica, y que con cuánto sacrificio sostuvo mis estudios de primaria y secundaria; Gracias AUDE, y a todas mis hermanas, sobrinos y sobrinas. Dedico este trabajo de amor a mi hermano menor, Pedro, que está con el Señor.

A mi esposa Normy, mi compañera de más de 37 años, junto a nuestros hijos Milton José, Jacqueline y Michelle; me dan fuerza para seguir sirviendo en el reino. ¡Gracias!

A mis hermanos y hermanas del Ministerio **"JESÚS ES EL CAMIN(** ɔr su apoyo, ¡Gracias!

A todas las comunidades que he visitado en 24 años de servicio; a los alumnos que han asistido a tantas clases de formación en Estados Unidos, Canadá y Latino America, ¡Gracias!

Este proyecto es producto de la colaboración de varios hermanos, María Elena Gutiérrez, Robert Cardona, Rosita Jiménez y mi buen amigo, Padre Walter Lawson, Dios los bendiga. ¡Gracias!

Quiero agradecerle a usted amado lector, pensando en usted escribí este libro, ¡Gracias!

------------------------------------------------------------ Milton López